LA TURQUIE
en 100 questions

Du même auteur

La Turquie au Moyen-Orient. Le retour d'une puissance régionale ? (direction d'ouvrage), Paris, CNRS Éditions, 2011.

DOROTHÉE SCHMID

LA TURQUIE
en 100 questions

TALLANDIER

Collection « en 100 questions »
créée par François-Guillaume Lorrain

2, rue Rotrou – 75006 Paris
www.tallandier.com

Introduction

État-nation créé dans l'urgence par Mustafa Kemal Atatürk sur les décombres de l'Empire ottoman, la Turquie a longtemps vécu repliée sur elle-même pour surmonter ses fragilités. Elle s'est radicalement ouverte au monde depuis 2002 sous l'égide de son président Recep Tayyip Erdoğan, qui l'a rendue à la fois plus confiante en elle et plus accessible. Les Européens, dont elle est un partenaire essentiel, apprennent à se familiariser avec ses différentes facettes ; le pays est aussi devenu très populaire auprès des peuples du Moyen-Orient, pour qui il serait un « modèle ».

C'est aujourd'hui une puissance émergente très prometteuse, qui intrigue et attire : plus riche, bouillonnante du point de vue politique et culturel, ambitieuse. La Turquie a beaucoup changé en quinze ans. Mais ce modèle turc est pétri de paradoxes, et l'extrême dynamisme d'une puissance toujours en quête d'ancrage produit des retombées incertaines. D'adaptations en blocages, son évolution complexe mérite d'être éclairée par ces 100 questions.

Reconstruire le passé

La Turquie est jeune, mais elle est née d'un empire qui a duré six siècles. La république, proclamée en 1923, a d'abord choisi de tourner résolument le dos à l'héritage ottoman ; or elle traverse aujourd'hui une crise d'identité qui révèle toute la subtilité d'un tissu social, ethnique, communautaire, tissé au fil d'une histoire exceptionnellement longue, plus vieille encore que l'empire. L'Anatolie n'était pas une terre vierge lorsque les Ottomans y ont imposé leur loi : peuplée de communautés très avancées dès le néolithique, lieu d'épanouissement de puissants royaumes, notamment grecs, avant l'installation de tribus turciques, son unité culturelle est une fiction tardive imposée par le nationalisme kémaliste.

Les ruptures politiques successives ont fortement marqué les inconscients en Turquie. L'histoire officielle a permis d'effacer volontairement certains épisodes traumatiques – défaites et massacres ; mais les Turcs se retournent désormais sur leur passé pour y trouver des racines oubliées. La société civile a entamé son travail sur le sujet du génocide arménien. Tayyip Erdoğan, en quête d'un nouveau récit national, a choisi de réhabiliter le passé impérial ottoman, dont les traces, architecturales ou politiques, sont partout présentes – et dont la mémoire avait peut-être été mieux conservée par les ottomanistes occidentaux que par les Turcs eux-mêmes. Aujourd'hui, la tâche pour les Turcs est donc double : ils doivent se réapproprier leur histoire, et aussi lui donner sens dans un cadre partagé avec leurs alliés.

La révolution AKP : de l'ouverture à la crispation

En 2001, Recep Tayyip Erdoğan, formé dans le système idéologique islamo-nationaliste turc, fonde un nouveau parti politique, l'AKP (*Adalet ve Kalkınma Partisi*, Parti pour la justice et le développement). Il rafle la majorité absolue à l'Assemblée nationale en 2002 et gagne toutes les consultations électorales organisées par la suite. Il peut ainsi mettre sur les rails une révolution silencieuse.

En un peu plus d'une décennie, Tayyip Erdoğan est parvenu à convaincre ses partenaires occidentaux qu'un parti islamiste peut être démocrate, en se coulant dans les institutions existantes ; il a libéré les forces d'un capitalisme efficace et ouvert une phase de croissance économique inédite ; il est même parvenu à rallier une bonne partie de la communauté kurde à son modèle social, mélange de valeurs religieuses et d'appétit de consommation. Erdoğan, qui a secoué les oripeaux du kémalisme laïciste vieillissant, partage en fait avec Atatürk, le fondateur longtemps adulé de la république, un objectif sacré : faire accéder la Turquie à la « modernité ». Mais avec l'AKP, c'est la « Turquie noire », celle de la petite bourgeoisie industrieuse anatolienne, et non les « Turcs blancs » laïcs de l'Ouest, qui est à l'avant-garde de la réforme.

En juillet 2016, une tentative de coup d'État, qui s'inscrit dans la longue série des *putschs* fomentés par l'armée depuis les années 1960, a échoué. Elle a laissé plus de trois cents morts dans les rues d'Istanbul et d'Ankara, et révélé la tension politique extrême qui s'est installée en quelques années entre les différentes composantes de la société turque. La crispation du pouvoir s'est accentuée et une nouvelle phase répressive s'est ouverte. Le président turc ne tolère plus aucune critique et divise pour continuer à régner. Brouille à mort avec les partisans de l'imam Gülen, l'allié de la première heure ; rapprochement avec la droite nationaliste ; retour à une situation de quasi-guerre civile dans les provinces kurdes de l'Est ; escalade du terrorisme, islamiste, kurde ou de la gauche radicale : le consensus autour de l'AKP s'érode, les démons politiques de l'extrémisme hantent le paysage et la violence est de retour au quotidien en Turquie.

Quelles libertés pour la société turque ?

La Turquie d'Erdoğan a vécu jusqu'en 2015, sous l'effet conjugué du développement économique et de la fin de certains tabous politiques et sociaux, une période de libération. Les universités se sont multipliées, les ONG se sont emparées des causes sociales, défendant les droits des femmes ou des minorités. La presse s'est développée et a appris à commenter les sujets sensibles, sur fond de rapprochement avec l'Union européenne. Les séries télévisées turques, exportées sur tous les continents, témoignent à leur façon du foisonnement créatif des années AKP.

La Turquie s'est brièvement reconnue comme multiculturelle : le sentiment identitaire des minorités ethniques et religieuses n'était plus sujet de honte ou prétexte aux menaces de l'État. Istanbul la cosmopolite, pôle d'attraction pour les amateurs de culture et de *shopping*, Ankara l'austère capitale anatolienne, Diyarbakır, la grande ville kurde aujourd'hui défigurée par les combats entre l'armée et les séparatistes du PKK, ou Gaziantep, ville frontière transformée par le conflit syrien, incarnent chacune une partie de la personnalité du pays. La nouvelle modernité des capitales provinciales côtoie une campagne toujours conservatrice mais mieux connectée au monde, et qui rêve elle aussi de voyager partout sur les avions de la Turkish Airlines.

La grande mobilisation pour la défense du parc de Gezi – cet espace vert menacé par un projet immobilier au cœur d'Istanbul en 2013 – a révélé les aspirations libertaires d'une jeunesse urbaine éduquée sous l'AKP. Mais ce moment confirme aussi le blocage autoritaire de Tayyip Erdoğan, qui prend à contre-pied la dynamique sociale progressiste enclenchée depuis 2002. L'ordre doit maintenant prévaloir à tout prix, dans un pays fragilisé par la contagion des crises extérieures. Les forces de sécurité quadrillent à nouveau l'espace social. L'obsession des valeurs islamiques impose un moralisme puritain qui censure les plaisirs et renvoie les femmes à leur place « naturelle » de mère. La liberté de débat a fait long feu ; les prisons se remplissent de militants kurdes, de journalistes, d'intellectuels et d'artistes, tandis que se multiplient les procès pour « insulte » au chef de l'État.

Le moteur économique

La remarquable croissance économique turque reste le principal élément positif du bilan de l'AKP. Au début des années 2000, le pays sortait d'une crise financière qui l'avait mené au bord de la banqueroute. Pour passer ce cap, l'équipe élue en 2002 sur la ruine des élites traditionnelles a appliqué les réformes préconisées par le FMI et choisi une stratégie d'ouverture libérale. Celle-ci s'appuie sur le dynamisme des « tigres anatoliens », ces nouveaux entrepreneurs capables de conquérir les marchés les plus difficiles à l'exportation.

La Turquie a bénéficié depuis d'un effet de rattrapage exceptionnel, triplant son PNB par tête en dix ans. La pauvreté a pratiquement disparu et l'accès à la consommation a favorisé l'émergence de nouvelles classes sociales, accros au crédit, qui sont devenues les soutiens enthousiastes de Tayyip Erdoğan. La croissance s'est accompagnée d'une urbanisation rapide et la généralisation des partenariats public-privé a permis de doter les villes des infrastructures éducatives, hospitalières, ou de communication qui leur manquaient.

Pourtant, le modèle économique turc est également fragile : le pays n'a pas de ressources naturelles et dépend massivement des financements extérieurs. Le ralentissement de la croissance européenne menace la stabilité des comptes extérieurs. En outre, les fortes tensions internes accroissent considérablement le risque politique pour les investisseurs. Le décrochage de la livre turque se poursuit depuis la tentative de coup militaire de 2016, tandis que progresse inexorablement l'économie grise.

Assumer la puissance

La Turquie s'est aussi imposée comme un acteur majeur sur la scène internationale, sous l'impulsion du ministre-professeur Ahmet Davutoğlu, qui pendant son long passage aux affaires (l'homme fut « démissionné » en mai 2016) n'a eu de cesse de la remettre au centre du jeu. Rejoignant le club des nouvelles puissances émergentes, le pays a appuyé son redéploiement diplomatique sur la mémoire des succès ottomans : la Turquie a reconquis par le *soft power* économique et culturel ses anciennes terres d'influence, revenant en force notamment au Moyen-Orient.

La diplomatie turque privilégie en réalité un jeu de bascule et de médiation inspiré par la logique géographique et historique. Les Ottomans, venus d'Asie, ont effectivement conquis une partie de l'Europe et stabilisé pendant des siècles l'essentiel du monde arabe dans un empire à la fois carrefour de circulation et mosaïque de peuplement. Retrouver le choix des alliances est aujourd'hui une priorité pour Tayyip Erdoğan. Sa quête d'autonomie et ses hésitations politiques font trembler ses partenaires de l'OTAN ou de l'Union européenne.

La doctrine Davutoğlu du « zéro problème avec les voisins » a fait merveille pendant une décennie avant d'être fortement perturbée par les printemps arabes. Le rêve de *leadership* sunnite des Turcs a fait long feu. La contagion de la crise syro-irakienne secoue désormais les bases mêmes de leur État : ayant pratiqué pendant cinq ans un interventionnisme indirect destiné à renverser le régime de Bachar el-Assad en Syrie, Tayyip Erdoğan a tourné casaque en 2016 pour se rapprocher de la Russie et de l'Iran. La Turquie est désormais minée par la violence terroriste kurde et djihadiste, qu'elle ne semble plus en mesure de contrôler.

La Turquie, la France et l'Europe

Les rapports de la Turquie avec les puissances européennes sont dominés par un mélange de complexes et de méfiance depuis les années 1920. Restée à l'écart du deuxième conflit mondial, ancrée à l'Ouest depuis la guerre froide, mais enlisée dans une crise politique et sociale permanente, la Turquie interprète les ratés du processus d'adhésion à l'Union européenne comme une mise à l'écart délibérée.

Ses rapports avec la France ont perdu du relief après le quinquennat de Nicolas Sarkozy ; c'est désormais l'Allemagne qui négocie en première ligne avec le régime turc, Angela Merkel devant elle-même décider des ouvertures possibles, mais aussi des limites à énoncer face à un Tayyip Erdoğan toujours plus exigeant. La gestion de la crise des réfugiés syriens a donné un exemple de ce tragique jeu de dupes dont chaque partie révise les règles au fur et à mesure. Entre crise existentielle européenne et séismes politiques à répétition en Turquie, la perspective de l'adhésion apparaît toujours plus incertaine.

La Turquie actuelle

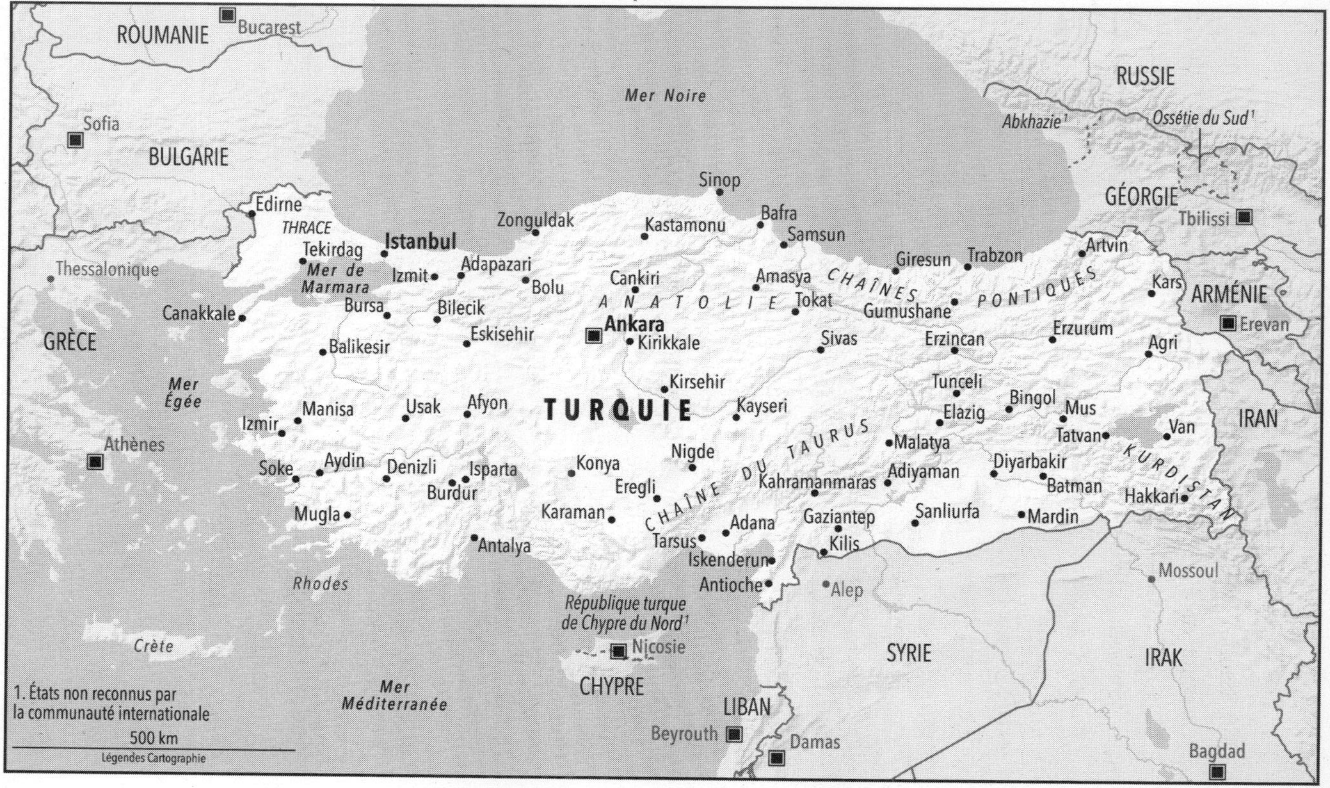

1. États non reconnus par la communauté internationale

500 km

Légendes Cartographie

Et demain ?

Erdoğan se projette quant à lui à l'horizon 2023, pour le centenaire de la république. La réforme des institutions doit aider à renforcer sa position, moins solide que la rhétorique officielle ne nous la dépeint. Derrière le décor de l'État fort – mais affaibli depuis 2013 par des purges démesurées –, le spectre de l'anarchie guette à nouveau un pays profondément clivé.

HISTOIRE

1

La Turquie se situe-t-elle en Europe ou en Asie ?

Sur quel continent se situe la Turquie ? La réponse peut être d'ordre strictement géographique : 3 % seulement de son territoire, correspondant à la région de la Thrace orientale, sont européens, lui donnant une frontière terrestre avec la Grèce et la Bulgarie. Les 97 % restants, dont la capitale, Ankara, sont situés en Asie.

Mais ces données physiques ne suffisent pas. L'histoire, sa culture, sa démographie ont fait de la Turquie un pays hybride, à cheval sur les deux continents. À son apogée au XVIe siècle, un tiers environ du territoire de l'Empire ottoman était européen. Le métissage ethnique, parfois forcé, y a toujours été présent. La perte des provinces européennes de l'empire tout au long du XIXe siècle et jusqu'à la Première Guerre mondiale s'est accompagnée de migrations vers l'est de populations issues en particulier des Balkans. Témoignage de ces reclassements démographiques, la Thrace orientale, qui a perdu presque toutes ses minorités chrétiennes (Arméniens, Bulgares, Grecs) et sa minorité juive, concentre pourtant encore à l'heure actuelle près de 15 % de la population du pays. Constantinople, ancienne capitale de l'Empire romain d'Orient conquise par les Ottomans en 1453, était le creuset d'un véritable bouillonnement ethnique et culturel ; les quartiers européens de la ville, aujourd'hui Istanbul, abritent encore la plus grande partie de ses trésors touristiques.

Définir la Turquie comme européenne ou asiatique est finalement un exercice politique. Le débat sur l'« européanité » du pays a été relancé par les négociations d'adhésion à l'Union européenne. Les partisans de la candidature turque rappellent que Mustafa Kemal Atatürk, fondateur de la Turquie moderne, était très europhile, et considèrent qu'il a construit un État-nation sur le modèle européen. La Turquie a été très tôt intégrée dans des organisations européennes : membre fondateur du Conseil de l'Europe, elle joue dans les compétitions de football européennes et participe aussi au concours Eurovision de la chanson. Ceux qui s'opposent à la perspective d'une Turquie membre de l'Union européenne s'appuient en revanche, comme Nicolas Sarkozy, sur la géographie pour clore le débat : « La Turquie est en Asie Mineure. La Turquie n'est pas en Europe. » Elle est finalement la limite de l'Europe ; à l'ère de la réactivation des frontières (au sein de l'Union européenne) ou de leur remise en cause (au Moyen-Orient), ce constat n'est pas très confortable pour les Turcs.

2

Qui sont les premiers habitants de la Turquie ?

L'Anatolie, péninsule située à l'extrémité occidentale de l'Asie et qui représente 97 % de la Turquie actuelle, est une terre de passage et d'invasion. Des cultures diverses et des entités politiques au rayonnement attesté se sont épanouies sur ce territoire avant l'installation tardive des Turcs à partir du XIe siècle. Les collections du Musée des civilisations anatoliennes d'Ankara, qui rassemble dans une vaste synthèse historique des objets allant du paléolithique à l'époque ottomane, en témoignent.

Les plus anciennes traces de cultures, retrouvées dans le centre et l'est du pays, montrent que l'Anatolie était peuplée dès le néolithique (sites de Çatal Höyük, Göbekli Tepe, Mersin…). La métallurgie du bronze s'y est propagée depuis la Transcaucasie à la fin du IVe millénaire avant notre ère et les premiers royaumes antiques ont émergé à l'âge du bronze moyen. Les Akkadiens, les Assyriens, les Hourrites, se sont disputé des territoires à la lisière de la Mésopotamie jusqu'à l'émergence de l'Empire hittite (XVIIe-XIIIe siècle av. J.-C.), premier grand État centralisé anatolien. Les Hittites, concurrents des Égyptiens pour la domination du Proche-Orient, ont perfectionné l'usage du fer. Plus à l'Est, le royaume d'Ourartou, dont Van était la capitale, et qui s'étendait sur une partie du Caucase et de l'Iran, atteint son apogée au VIIIe siècle av. J.-C.

Les Grecs ont gagné l'Anatolie par l'Ouest. Le site de Troie (actuelle province de Çanakkale), où se sont succédé de puissantes villes jusqu'à l'époque romaine, a été fondé au IIIe millénaire av. J.-C. La civilisation grecque commence à prospérer au Ier millénaire et certaines colonies évoluent en royaumes indépendants : Lydie, Bithynie, Paphlagonie, Pont, Cappadoce, Pergame, Phrygie (avec le roi Midas). Ils tombent sous la domination des Perses achéménides au VIe siècle av. J.-C., avant d'être repris par Alexandre le Grand au IVe ; l'Anatolie devient ensuite séleucide. Un royaume arménien couvre à l'Est une partie du territoire au IIe siècle av. J.-C. Les Galates, Celtes venus de l'Ouest, s'installent autour d'Ankara au IIIe siècle.

Ces systèmes politiques variés coexistent jusqu'à l'arrivée des Romains en 189 av. J.-C. Achevant la conquête de l'Anatolie au Ier siècle après J.-C., ils finissent eux-mêmes hellénisés, puis christianisés – les provinces orientales de l'Empire romain sont largement gagnées à la nouvelle religion dès le IVe siècle. Les Gréco-Romains, dits Byzantins, ont résisté ensuite aux incursions arabes, mongoles et turques, aux appétits des croisés et des marchands européens, jusqu'au XVe siècle – début de la grande ère ottomane.

3

Qui sont les Turcs ?

Les occupants de la Turquie actuelle sont issus d'un métissage entre des peuples asiatiques dits « turciques » venus d'Extrême-Orient et les diverses ethnies qu'ils ont rencontrées au cours de leurs conquêtes à l'ouest.

Les sources historiques retraçant les faits et gestes des Turcs originaux sont rares. Elles se mêlent à des récits légendaires, empreints de nationalisme, qui célèbrent la nostalgie du berceau asiatique tout en cherchant à démontrer l'ancienneté d'une présence au Moyen-Orient. Certains croient ainsi repérer les traces de peuples turcs sur des tablettes sumériennes du XXIe siècle av. J.-C. trouvées en Mésopotamie, ou dans les textes sacrés zoroastriens de l'Avesta (Perse, 1000 av. J.-C.).

Des sources chinoises décrivent de façon plus précise les premiers Turcs : ce sont des tribus éparses de chasseurs-cueilleurs habitant les steppes du Turkestan oriental et de Mongolie dès le XIVe siècle avant notre ère, qui commencent à migrer vers l'ouest et le sud à partir du IIe siècle, se disséminant jusqu'en Russie orientale, en Asie Mineure et en Inde. La proximité de ces premiers Turcs avec les Mongols est attestée par leur mode de vie – habitat (yourtes), croyances religieuses (chamanisme).

Mais, à la différence des Mongols sédentaires, les Turcs restent nomades pendant toute l'Antiquité, se mêlant aux populations rencontrées au fil de leurs avancées. Les actuels Yakoutes, les Tatars, les Bulgares de la Volga, les Kirghizes et les Kazakhs, les Ouïgours sont notamment les descendants de ces premières tribus turques. Les Turcomans, ou Turkmènes, venus de l'Altaï, qui ont donné plusieurs dynasties à l'Iran et que l'on retrouve aujourd'hui en Syrie et en Irak, sont souvent considérés aujourd'hui en Turquie comme les ancêtres les plus « purs » – cette quête de la pureté originelle travaille en permanence le nationalisme turc.

Des inscriptions retrouvées en Mongolie, en Sibérie et dans le Xinjiang attestent l'usage d'alphabets runiques pour transcrire des langues turciques à partir du VIIIe siècle. À la même époque, les tribus turques sont entrées en contact avec l'islam en Asie centrale. La bonne fortune politique de ces nomades s'est construite progressivement ; ils s'organisent en formations politiques hiérarchisées, qui apparaissent et déclinent avec leurs chefs guerriers, depuis les royaumes huns (IIIe siècle av. J.-C.-VIe siècle après J.-C.), en passant par les Seldjoukides (qui défont les Byzantins et s'installent en Anatolie au XIe siècle), jusqu'aux Ottomans (XIIIe-XXe siècles), ascendants directs des Turcs actuels. Ceux-ci affirment que la racine du mot « turc » signifie « fort » ; l'esprit de conquête reste indissociable du grand voyage des Turcs de l'Est vers l'Ouest.

4

Qui étaient les Ottomans ?

C'est au début du XIVe siècle que la maison d'Osman, d'origine turkmène, pose en Anatolie les bases d'un empire qui va durer cinq siècles.

La pénétration des Ottomans a été préparée par les Seldjoukides, tribu turcique iranisée qui a elle-même régné sur un empire allant de l'Asie centrale à la Méditerranée. Osman Ier, vassal des Seldjoukides converti à l'islam, prend pied dans le nord-ouest de la péninsule anatolienne et conquiert Bursa (Brousse). Son petit-fils Murat Ier (1326-1389), considéré comme le véritable fondateur de l'Empire ottoman, s'installe à Edirne (Andrinople) et se rend maître des Balkans. Cette progression rapide est brièvement freinée par l'irruption de Tamerlan au XVe siècle. Mais la prise de Constantinople par Mehmet II établit définitivement en 1453 l'autorité de l'empire, à cheval sur deux continents.

« Nuit et jour notre cheval est sellé et notre sabre est ceint. » La citation est de Soliman Ier, dit le Magnifique (1494-1566), le 10e sultan, dont le règne marque un apogée précoce pour la dynastie. Soliman étend les conquêtes en Europe centrale, fixe la frontière à l'est avec l'Iran safavide, mais échoue devant Vienne. Ses successeurs héritent du plus puissant des États musulmans, mais il sera plus paresseusement dirigé, sa stabilité minée par les intrigues : la lutte séculaire entre le Palais (le sultan) et la « Sublime Porte » (le grand vizir, chef du gouvernement) est doublée de rébellions militaires. Le système politique ottoman, mal connu des Européens, décrit comme un « despotisme oriental », servira bientôt de repoussoir à la philosophie des Lumières.

Le faste de la cour, soutenu par une économie longtemps prospère, fascine cependant les ambassadeurs des puissances de l'Ouest. Le mode de vie des « Grands Turcs », les mystères du « sérail » (de *saray*, le palais), l'influence des concubines dans le système dynastique inspirent la mode des « turqueries » au XVIIIe siècle : un style orientaliste qui touche les vêtements, la peinture, l'architecture, la littérature (Molière) ou l'opéra (Mozart, Haendel).

Le XIXe siècle est celui de la longue agonie d'un empire en déshérence qui tente sans succès de se réformer. Il est marqué par la figure d'un des derniers grands sultans autoritaires, Abdülhamid II, surnommé en France « le Grand Saigneur » pour avoir ordonné des massacres d'Arméniens en 1894.

L'instauration de la république a forcé la famille impériale à l'exil. Les descendants d'Osman se sont d'abord installés en Égypte, puis dispersés dans le monde – l'avant-dernier prétendant au trône, Osman Bayezid Osmanoğlu, est décédé à New York en janvier 2017. Sa sœur Fevziye, princesse de rang, s'est éteinte au printemps 2014 à Paris ; elle a été inhumée dans le carré musulman du cimetière de Thiais. Dündar Ali Osmanoğlu, prince Şehzade Dündar Ali Osman Efendi selon l'étiquette, né à Damas en 1930 et arrière-petit-fils d'Abdülhamid II en ligne directe, est désormais le chef de la maison d'Osman.

5

Pourquoi les Turcs commémorent-ils la prise de Constantinople ?

Le 29 mai 1453 le sultan Mehmet II, dit Fetih Mehmet (« le Conquérant »), s'empare de Constantinople après un siège de cinquante-quatre jours. L'Empire byzantin plus que millénaire disparaît, l'Empire ottoman prend la relève et préside au renouveau d'une métropole mythique en plein déclin.

Constantinople, l'ancienne Byzance, a été fondée au VIIe siècle av. J.-C. par des colons grecs et porte le nom de Constantin, premier empereur romain converti au christianisme. Incarnant le métissage des cultures grecque et latine, elle a connu un premier apogée au VIe siècle comme capitale de l'Empire romain d'Orient sous le règne de Justinien, bâtisseur de Sainte-Sophie.

Mais à l'heure de la conquête turque, Constantinople n'est plus que l'ombre d'elle-même : tête d'un empire grignoté de toutes parts et miné par les querelles de pouvoir et d'Églises, la ville est le jouet des convoitises croisées des marchands européens. Elle a subi les assauts des Arabes et des tribus turques, été pillée par les croisés en 1204. Affaiblie par la peste au siècle suivant, elle ne compte plus que quelques dizaines de milliers d'habitants, défendus par quelques milliers de Grecs et quelques centaines de Génois.

Les Ottomans qui campent devant Constantinople ont entamé au XIVe siècle la fulgurante ascension militaire qui les a déjà rendus maîtres des Balkans. Murat II, père de Fetih Mehmet, s'est heurté sans succès aux murailles de la ville, devenue le symbole de la résistance byzantine. Son fils de dix-neuf ans relève à nouveau le défi, avec une armée bien équipée et entraînée d'au moins 80 000 hommes. Alliant la force et la supériorité technique à l'inventivité (une partie de sa flotte est convoyée par la terre jusqu'à la Corne d'or, provoquant un effet de surprise), il vient à bout des défenseurs qui espéraient en vain l'arrivée de renforts vénitiens.

La prise de Constantinople marque pour les historiens occidentaux la fin du Moyen Âge et le début de la Renaissance – un renouveau culturel et artistique amorcé par les dignitaires byzantins réfugiés en Europe occidentale. La ville devient la capitale de l'Empire ottoman, symbolisant le triomphe de l'islam mais aussi l'intégration de cultures disparates. Objet de tous les soins des sultans, elle connaît un nouvel âge d'or au XVIe siècle sous Soliman le Magnifique.

Aujourd'hui le folklore de la commémoration bat son plein. Tayyip Erdoğan le Stambouliote harangue des foules chaque année plus nombreuses lors de l'anniversaire de la prise de Constantinople. Un musée de la conquête a ouvert en 2010 et le plus gros succès de l'industrie cinématographique turque (6,5 millions d'entrées), *La Conquête – 1453*, célébrait en 2012 à grands coups d'effets spéciaux le combat héroïque où les Byzantins corrompus cèdent à la vigueur et à la piété ottomanes.

6

Quelles étaient les relations entre le sultanat et le califat ?

Les titres de sultan et de calife correspondent à des fonctions différentes, qui ont été réunies au XVIe siècle seulement en la personne du sultan-calife ottoman.

Les deux institutions remontent aux origines de l'islam et leurs rapports complexes traduisent la difficulté à régler la succession du Prophète. Le mot arabe *sulṭan* désigne dans le Coran le pouvoir, l'autorité, par extension son détenteur. Le titre est en principe octroyé par le calife – de *khalifa*, celui qui suit, le successeur du Prophète, qui incarne une autorité spirituelle autant que politique. Ces deux pôles dont les rôles et les limites sont mal définis ont ainsi cohabité pendant des siècles dans les terres d'origine de l'islam. Le titre de sultan a pris de l'importance lorsque la dynastie des Seldjoukides, prédécesseurs des Ottomans, convertis au sunnisme au Xe siècle, s'est emparée de Baghdad en 1055. Les califes abbassides arabes continuent alors d'adouber les sultans, dans un acte de légitimation religieuse. Mais le rapport de forces s'inverse.

Au XIIe siècle, les sultanats se multiplient et le califat de Baghdad est concurrencé par un autre puissant califat, celui des Fatimides d'Égypte – une grande dynastie chiite. Et c'est justement au Caire que les Ottomans vont s'approprier la fonction de calife : vainqueur en 1517 des Mamelouks, successeurs des Fatimides, le sultan ottoman Selim Ier en profite pour transférer les reliques du Prophète à Constantinople et se proclamer calife.

La fusion des deux titres est une garantie de stabilité, mais jusqu'à la fin du XVIIIe siècle, le sultan ou *padisha* ottoman se soucie en fait peu d'apparaître calife. L'usage politique du califat revient très tard : le titre de calife se retrouve paradoxalement inscrit dans la titulature des sultans ottomans avec la constitution réformiste de 1876. Ce texte pourtant d'inspiration libérale affirme le principe de la souveraineté universelle du sultan ottoman comme calife du monde musulman. La réactivation du canal religieux est alors un moyen de maîtriser les nationalismes qui désagrègent l'empire : le sultan tente d'imposer son autorité spirituelle sur les populations musulmanes des provinces qui cherchent l'indépendance.

Ce verrouillage tardif n'empêchera pas la révolte des Arabes contre les Turcs lors de la Première Guerre mondiale. L'échec du sultan-calife est sanctionné par la révolution jeune-turque et la défaite de 1918. Le 30 octobre 1922, Mustafa Kemal abolit le sultanat et fait élire un dernier calife par la Grande Assemblée nationale de Turquie : Abdülmecid II, cousin du sultan déchu Mehmet VI. Le 29 octobre 1923 la république est proclamée et son caractère islamique est préservé. Mais Kemal se méfie des ambitions du calife et supprime définitivement l'institution le 3 mars 1924. Le primat de la politique sur la religion semble rétabli.

7

Qui étaient les janissaires ?

Les *yeni çeri*, « nouvelle troupe », sont un corps militaire d'élite créé par Murat Ier au XIVe siècle pour répondre à une lacune de l'armée ottomane : excellents cavaliers, les Turcs n'avaient jusque-là pas d'infanterie organisée et recouraient à des mercenaires étrangers. Les janissaires seront ces fantassins indispensables, remarquables par leur organisation et leur discipline, pilier de la puissance impériale. Associés aux grandes victoires dans les Balkans, ils sont les premiers à entrer dans Constantinople en 1453.

Curiosité historique notable, ce corps qui incarne la fine fleur de l'armée ottomane était constitué d'esclaves chrétiens convertis à l'islam : recrutés à l'origine parmi les prisonniers, les janissaires sont ensuite associés au système du *devşirme*, la « récolte », enlèvement organisé d'enfants et d'adolescents chrétiens destiné à alimenter l'administration ottomane. La réputation des janissaires tient d'abord à leur efficacité militaire, reposant sur quelques fondamentaux : extrême discipline, intendance et hygiène parfaite, intégration des derniers progrès techniques – ils adoptent l'arquebuse à mèche dès la fin du XVe siècle. Leur apparat est légendaire, avec des uniformes somptueux, associés à un folklore spécifique : le colonel veillant aux besoins de ses soldats est appelé « pourvoyeur de soupe » (*çorbacı*) et le renversement solennel de la marmite commune donne le signal des mutineries. La religion joue aussi un rôle : les janissaires sont adeptes du bektachisme, un soufisme chiisant syncrétique qui a pu faciliter l'intégration des chrétiens.

Le nombre des janissaires est passé de huit mille au XIVe siècle à plus de cent mille au début du XIXe ; initialement contraints au célibat et à la vie en caserne, ils voient au fil du temps les règles s'assouplir et leurs fonctions se diversifier. Leur rôle militaire décline au bénéfice du maintien de l'ordre ou de la surveillance des frontières ; ils participent également à des chantiers de construction et même à l'entretien des aqueducs d'Istanbul.

Les janissaires étaient bien des *kullar* – des esclaves du sultan – et ne contestèrent jamais la légitimité de la dynastie ottomane. Mais ils ont régulièrement interféré dans les processus de succession pour défendre leurs privilèges, contraignant plusieurs sultans à abdiquer et assassinant même l'un d'entre eux, Osman II, en 1622. Ils se révoltent constamment à partir du XVIIe siècle et l'ultime bras de fer, engagé en 1826 avec Mahmut II, finit tragiquement : celui-ci ordonne leur exécution par le reste de l'armée et encourage la population à participer au massacre. Les Français affronteront les dernières troupes de janissaires de l'empire lors de la prise d'Alger en 1830, quatre ans après la disparition officielle de l'ordre.

8

Pourquoi voit-on autant d'images de tulipes en Turquie ?

Motif traditionnel sur les faïences d'Iznik ou les somptueux tissages ottomans, la tulipe est aujourd'hui utilisée un peu partout comme logo pour promouvoir la Turquie. Le nom « tulipe » dérive du turc *tülbent*, « mousseline », qui a donné « turban », et l'on croit généralement que la fleur vient de Turquie.

Elle pousse en réalité à l'état sauvage sur les contreforts de l'Himalaya, dans le massif du Pamir, aux confins de la Chine, de la Russie et de l'Afghanistan. Les Persans lui ont voué une véritable passion dès le XIe siècle, la cultivant comme symbole d'éternité et de perfection, dans des jardins conçus comme une représentation du paradis terrestre. Les nomades turcs ont découvert et adopté la tulipe au gré de leurs conquêtes territoriales. La fleur, conservant son nom persan *lalê*, se retrouve ainsi à Constantinople au XIIIe siècle et y reste longtemps cultivée dans le secret des jardins aristocratiques – elle est un signe de richesse et de reconnaissance élitaire.

Les Européens ont découvert la tulipe au XVIe siècle grâce à leurs premiers échanges avec l'Empire ottoman. Des marchands en rapportent clandestinement des fleurs et des bulbes, important du même coup en Europe le concept d'esthétique florale – dépassant le simple usage médicinal des plantes. Le goût pour la tulipe se transforme en « tulipomanie » dans les cours européennes : Louis XIV l'adopte comme fleur officielle ; en Hollande, on spécule sur elle au point de provoquer la première bulle financière de l'histoire en 1637.

On a baptisé « ère des tulipes » (1718-1730), *Lâle Devri* en turc, la période où l'adoration pour la fleur atteint son acmé à Istanbul. Elle correspond au règne d'Ahmet III, âge d'épanouissement politique et économique qui produit une culture de cour raffinée et plus ouverte. Les relations avec l'Europe s'intensifient. Les jardins sont à la mode et on invente des variétés de tulipes de plus en plus sophistiquées. Leurs images envahissent les beaux-arts et la mode : la fleur se glisse même dans les plis du turban. Le sultan organise chaque année dans son palais de Topkapı une « fête de l'illumination » des tulipes.

Dans l'imaginaire contemporain, la tulipe évoque encore la splendeur et la fragilité combinées de cette brillante cour ottomane. Symbole d'un début de culture de la consommation, premier succès de reproduction graphique à grande diffusion, elle a longtemps accompagné les Turcs en voyage : une longue tulipe était dessinée jusqu'en 2010 sur le fuselage des avions de la Turkish Airlines.

9

Qu'est-ce que la « question d'Orient » au XIXe siècle ?

Les gouvernements européens sont hantés par la « question d'Orient » tout au long du XIXe siècle. « Question du siècle » selon Alphonse de Lamartine, chantre de l'interventionnisme français en Méditerranée, l'expression désigne le défi permanent que pose alors la décomposition de l'Empire ottoman.

En 1774, les Ottomans ont abandonné la Crimée par le traité de Kutchuk-Kaïnardja et permis l'accès aux détroits du Bosphore et des Dardanelles à la Russie de Catherine II. La régression territoriale commence, résultat des querelles de pouvoir, des complications financières et des révoltes nationalistes dans l'empire. Les puissances extérieures observent ces déboires avec un mélange d'inquiétude et de convoitise : tandis que les sultans hésitent entre modernisation et crispation autoritaire, leurs partenaires se demandent s'il faut « réparer » l'empire, pour encourager la stabilité régionale, tout en fantasmant sur sa liquidation.

Les foyers de conflits se multiplient et les Européens, souvent appelés à la rescousse, interviennent pour conforter leur présence. Les Britanniques veulent contrôler la route des Indes et exercent une forte influence politique sur la Sublime Porte jusqu'à l'irruption des Allemands dans le paysage au tournant du siècle. La France poursuit sa pénétration coloniale en soutenant de façon tactique le principe des nationalités ; elle intervient aux côtés des insurgés grecs en 1828, conquiert Alger en 1830, s'engage avec les Britanniques contre les Russes en Crimée (1853-1856), répond en 1860 à l'appel des chrétiens persécutés en Syrie. L'Italie se met aussi en quête de colonies en Afrique du Nord, et l'Empire austro-hongrois s'étend dans les Balkans. Ne parvenant pas à maîtriser durablement les points de passage vers les mers chaudes, la Russie tente d'empêcher tous les autres pays de s'imposer.

Après une énième guerre russo-turque, les représentants des puissances européennes s'entendent lors du congrès de Berlin en 1878 pour amputer l'empire d'une grande partie de ses possessions balkaniques. La déroute financière du sultan s'accentue, entretenue par l'entente franco-britannique qui gère la dette ottomane. La poudrière balkanique s'embrasera finalement en 1918, déclenchant la Première Guerre mondiale qui liquide l'empire.

La question d'Orient, en réalité « question d'Occident » selon l'historien britannique Arnold Toynbee, a ainsi concentré sur une longue période une série de conflits symboliques : entre islam et chrétienté, empires vieillissants et régimes politiques modernes, capitalisme et économie traditionnelle. Indissociable du romantisme, elle a passionné les opinions européennes et nourri une floraison artistique brodant sur le thème de la décadence ottomane : ce courant qu'on a appelé l'« orientalisme ».

10

Pourquoi l'Empire ottoman a-t-il disparu ?

Le retournement de fortune des Ottomans s'est produit très tôt : la mort de Soliman le Magnifique en 1566 marque déjà la fin de l'état de grâce. L'épuisement de la dynamique de conquête, couplé aux difficultés d'organisation de l'empire, ouvre alors une longue période de déclin : plusieurs siècles se sont écoulés avant que « l'homme malade de l'Europe », selon les mots du tsar de Russie Nicolas Ier en 1853, ne laisse la place à la république de Turquie.

Dès le XVe siècle, l'élargissement de l'empire a multiplié les occasions d'affrontement avec les puissances européennes : les Ottomans s'attaquent à l'Europe centrale et la résistance face aux « Turcs » (terme déjà en usage), d'abord faible et dispersée, s'organise en alliances temporaires. Les Ottomans subissent leur première défaite navale majeure en 1571 à Lépante, face aux Espagnols et aux Vénitiens qui défendent la liberté de mouvement en Méditerranée. Puis le reflux est nettement perceptible à partir du XVIIe siècle : échec du second siège de Vienne en 1683 ; perte de la Hongrie en 1699 ; de la Crimée, annexée par la Russie en 1774 ; campagne d'Égypte de

Bonaparte (1798-1801) et révolte du pacha Mehmet Ali en 1831 ; indépendance grecque en 1832 ; succession de guerres avec la Russie et dans les Balkans jusqu'au déclenchement du premier conflit mondial…

Le poids de l'armée devient progressivement une faiblesse majeure du système ottoman : l'entretien des troupes pèse lourd sur le budget impérial et les janissaires se révoltent souvent. Les sultans portent un intérêt inégal aux affaires politiques et la succession est compliquée par les rivalités entre concubines au sein du sérail. L'étendue de l'empire rend aussi son administration complexe : les provinces et les États vassaux jouissent d'une grande liberté d'organisation, mais cette mosaïque multi-ethnique et multiconfessionnelle est travaillée par la montée des nationalismes à partir du XIXe siècle.

Le sursaut réformateur arrive trop tard. L'adoption des Tanzimat, décrets de modernisation de l'empire, et d'une constitution qui consacre en 1876 l'égalité des sujets ottomans et introduit un parlement, ne parvient pas à enrayer les tendances centrifuges. Suspendue au bout de deux ans, la Constitution sera remise en vigueur par les Jeunes-Turcs[1], qui tentent à la veille de la Première Guerre mondiale de substituer le nationalisme turc au patriotisme ottoman des derniers sultans. La répression des minorités accélère alors la chute d'un empire à bout de souffle ; la défaite de 1918 annonce son démantèlement à partir de 1920.

1. Voir la question 11, « Qui étaient les Jeunes-Turcs ? », p. 39.

11

Qui étaient les Jeunes-Turcs ?

Les Jeunes-Turcs (*Jöntürkler*) étaient un mouvement réformateur ottoman, contestant à la fin du XIXe siècle la dérive absolutiste du sultan Abdülhamid II. Porteurs d'idéaux réformistes fortement teintés de nationalisme, ils prirent le pouvoir en 1908 et précipitèrent en dix ans la fin de l'empire.

C'est le 14 juillet 1889, jour anniversaire de la Révolution française, que des étudiants de l'École de médecine militaire de Constantinople fondèrent une organisation secrète sur le modèle des *carbonari* italiens, se donnant pour mission de régénérer l'empire. Ils étaient progressistes et libéraux, fortement marqués par les réformes inachevées des Tanzimat (1839-1876), inspirés par la France révolutionnaire et le nouveau nationalisme allemand, mais aussi par l'expérience contemporaine du Japon de l'ère Meiji. Le mouvement brassait différentes nationalités et religions, et recrutait surtout parmi les étudiants, les officiers et dans les loges maçonniques.

Le groupe dirigeant, baptisé Comité union et progrès (CUP, *İttihat ve Terakki Cemiyeti*), tenta en juillet 1908 un coup de force en Macédoine ; le sultan céda et rétablit la Constitution de 1876. Les Jeunes-Turcs imposèrent alors des réformes de modernisation et de sécularisation, ouvrant une courte période de liberté qui bouleversa les repères politiques. La presse française, enthousiaste, proclama la mort de la « dernière autocratie en Europe » ; la résolution de la « question d'Orient » paraissait imminente.

Le salut de l'empire dépendait aussi de son unité. Les Jeunes-Turcs étaient d'abord « ottomanistes », partisans d'une citoyenneté ottomane qui dépasse les différences ethniques et religieuses. Mais dans cet avant-guerre où les nationalités s'agitaient à nouveau (révolte albanaise de 1909-1910, guerres balkaniques de 1912-1913), un sursaut nationaliste se préparait.

L'expérience libérale tourna court avec la répression d'une mutinerie menée par des officiers conservateurs à Istanbul en avril 1909. Le massacre de milliers d'Arméniens à Adana donna le signal de l'évolution du CUP vers une synthèse panturquiste islamique et jacobine. Celui-ci déposa Abdülhamid II et le remplaça par son cousin Mehmet V, plus docile, avant de prendre directement le pouvoir en 1913 et d'instaurer une dictature menée par un triumvirat : Enver, Jamal et Talaat Pacha, qui s'engagèrent aux côtés de l'Allemagne dans une guerre mal préparée.

La débâcle militaire entraîna leur fin. Après s'être enfuis, les trois chefs furent condamnés à mort par contumace en 1919 pour la déportation et l'extermination des Arméniens en 1915. Talaat et Enver sont morts assassinés par des militants arméniens. De ces hommes qui ont secoué l'empire, l'histoire retient surtout la folie nationaliste. Mustafa Kemal, qui fut brièvement leur compagnon de route, a pourtant été leur héritier à bien des égards.

12

Quand ont été tracées les frontières de la Turquie actuelle ?

Le territoire de la Turquie actuelle, qui se confond avec l'Anatolie, a pris sa forme pour l'essentiel après la Première Guerre mondiale et s'est stabilisé définitivement au lendemain de la Seconde. Il s'étend sur 783 562 km^2, à comparer aux 5,2 millions de km^2 de l'Empire ottoman à son apogée – mais déjà réduit à 1,8 million de km^2 en 1914.

La portion de frontière turque la plus ancienne était une frontière ottomane : la ligne qui sépare la Turquie de l'Iran, longue de 499 km, est issue du traité de Zohab, par lequel la Perse renonce en 1639 à la Mésopotamie. Les frontières avec la Grèce et la Bulgarie, à l'Ouest, remontent également à l'empire, matérialisant le détachement de ces deux provinces balkaniques en 1832 et 1878. Le sort de la Thrace, disputée entre Grèce, Bulgarie et Turquie, n'a cependant été définitivement réglé que dans les années 1920 – une partie de la région demeurant turque.

Les autres limites de la Turquie ont aussi été fixées pendant l'entre-deux-guerres. Le traité de Sèvres, qui liquide l'Empire ottoman en 1920, prévoyait une réduction de territoire particulièrement drastique, ramenant la superficie initiale du pays à 420 000 km^2. Le territoire

De l'Empire ottoman à la Turquie contemporaine

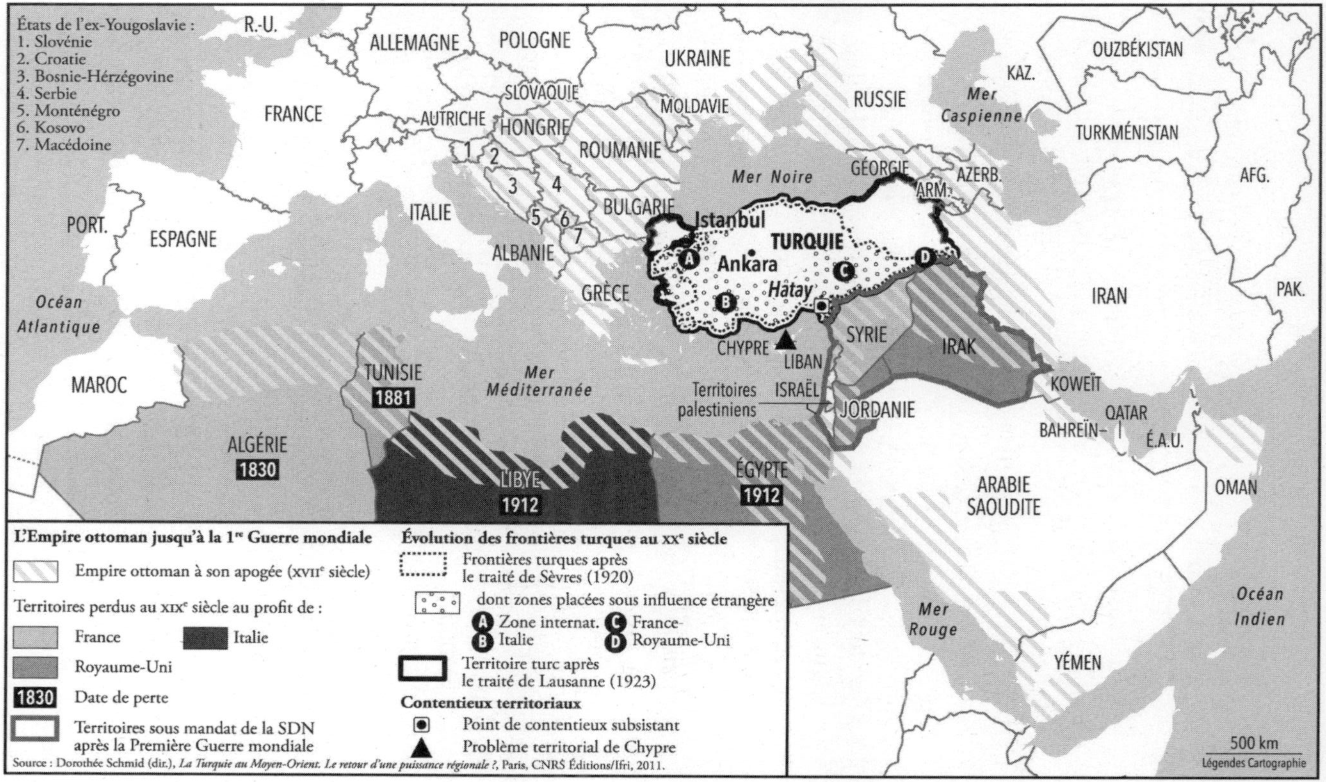

Source : Dorothée Schmid (dir.), *La Turquie au Moyen-Orient. Le retour d'une puissance régionale ?*, Paris, CNRS Éditions/Ifri, 2011.

était largement amputé à l'Est avec le détachement des dernières provinces arabes (actuelles frontières avec la Syrie, 877 km et l'Irak, 331 km) ; de vastes zones d'occupation étaient dévolues aux vainqueurs français, grecs et italiens. La sécession d'Ankara, organisée par Mustafa Kemal, en a décidé autrement : sa « guerre de libération » (*Kurtuluş Savaşı*) a repoussé les frontières fixées à Sèvres en boutant les armées européennes hors du territoire et en conjurant la création d'une grande Arménie et d'un Kurdistan indépendant. La prise de Smyrne/Izmir sur les Grecs en septembre 1922 est une victoire symbolique majeure, qui donne le signal de transferts massifs de population entre la Grèce et la Turquie.

La signature du traité de Lausanne met fin à ce processus d'ajustement en juillet 1923. La république de Turquie s'installe entre la Thrace orientale et l'Asie Mineure. Elle renonce à Mossoul, mais obtiendra des Français le rattachement du sandjak d'Alexandrette en 1939. Les îles du Dodécanèse, occupées par l'Italie fasciste pendant la Seconde Guerre mondiale et encore convoitées par la Turquie, seront bel et bien restituées à la Grèce en 1947.

La dissolution de l'URSS donne enfin à la Turquie trois nouveaux voisins caucasiens dans les années 1990 : l'Azerbaïdjan (9 km de frontière), la Géorgie (276 km), et l'Arménie renaissante (316 km) – la frontière avec cette dernière restant à ce jour fermée.

Le territoire anatolien sacralisé par Mustafa Kemal demeure aujourd'hui le support d'un patriotisme bien ancré – la hantise de nouvelles amputations continuant de travailler douloureusement l'inconscient collectif turc.

13

Pourquoi les Turcs ne reconnaissent-ils pas le génocide des Arméniens ?

Les « événements de 1915 » : cet euphémisme utilisé par l'État turc désigne les massacres à grande échelle perpétrés au début de la Première Guerre mondiale par un Empire ottoman en bout de course contre la minorité arménienne et les Assyro-Chaldéens. Ces tueries de masse sont aujourd'hui reconnues comme génocide par un nombre de plus en plus important de parlements dans le monde (dont l'Assemblée nationale française). L'année 2015 a encore donné lieu à nombre de passes d'armes diplomatiques entre la Turquie et plusieurs pays où le centenaire du génocide a fait l'objet de commémorations publiques.

Les autorités turques s'arc-boutent en effet dans une posture négationniste. Selon elles, les massacres de 1915 constituent un dommage collatéral au milieu d'un conflit excessivement chaotique. Ils sont même présentés comme une opération de légitime défense de la bureaucratie ottomane, destinée à neutraliser une minorité pactisant avec l'ennemi russe sur le front oriental. L'État turc refuse la qualification de génocide, crime qui n'existait pas légalement en 1915 ; il affirme qu'il n'y a pas eu intention génocidaire, évoque des déplacements forcés de populations et minimise la portée des massacres. La comptabilité macabre des pertes varie ainsi de 300 000 morts, pour les nationalistes turcs les plus durs, à 1,5 million selon les plus militants des Arméniens. L'anesthésie collective des Turcs sur le sujet, maintenue depuis le début de la république, n'a été interrompue que par les opérations de l'Asala (Armée secrète arménienne de libération de l'Arménie), organisation terroriste qui a perpétré dans les années 1980 plus d'une centaine d'attentats et exécuté de sang-froid des diplomates pour forcer la Turquie à reconnaître le génocide.

Quelques historiens turcs, à l'instar de Taner Akçam, contestent aujourd'hui la version officielle. Leurs enquêtes expliquent l'impossible reconnaissance du génocide à travers les mécanismes de fondation de la république kémaliste : la spoliation des biens arméniens a permis d'enrichir la nouvelle bourgeoisie turque ; l'obsession de la pureté nationale a empêché toute réflexion rétrospective sur l'empire multiculturel. La société civile turque s'éveille aussi depuis quelques années au débat sur le sort des minorités ethniques et religieuses. Le travail de dialogue entamé avec les diasporas arméniennes par quelques courageux intellectuels a ainsi rendu possible l'usage du mot « génocide » en Turquie même – comme dans le livre, témoignage et acte de repentance, du journaliste Hasan Cemal, petit-fils de l'un des ordonnateurs des massacres, paru en 2012 et sobrement intitulé : *1915. Le génocide arménien*[1].

1. Traduit du turc par Pierre Pandelé, Paris, Les Prairies ordinaires, 2015.

14

Pourquoi Ankara est-elle la capitale et non Istanbul ?

C'est à Ankara, devenue officiellement la capitale depuis le 13 octobre 1923, que l'Assemblée nationale de Turquie proclame la république le 29 octobre. Comment expliquer qu'une bourgade provinciale comptant à l'époque 30 000 habitants, ait remplacé Istanbul, la grande métropole cosmopolite au passé près de trois fois millénaire ?

Ce choix politique et stratégique acte symboliquement la rupture avec l'Empire ottoman, ancré depuis plusieurs siècles à l'Ouest, et le recentrage sur l'Anatolie. Ankara est une ville ancienne, qui incarne les péripéties de l'histoire pré-ottomane. La légende en attribue la construction au roi phrygien Midas, mais la ville existait dès l'époque hittite (IIe millénaire av. J.-C.), avant de connaître la domination des Perses, d'Alexandre le Grand, puis d'une tribu galate, et de devenir romaine. Elle est alors une étape sur les routes commerciales de l'Orient et subit les invasions sassanide, arabe, puis turque, l'équipée de Tamerlan, avant de passer définitivement sous administration ottomane au XIVe siècle. C'est une agglomération de moindre importance, où l'on pratique l'élevage de chèvres à longs poils : la fameuse race angora.

À la fin de la Première Guerre mondiale, Istanbul est occupée par les armées des vainqueurs. Centre d'un pouvoir impérial défaillant, symbole d'une culture composite, multi-ethnique et religieusement diverse, que les nationalistes turcs honnissent, la *Konstantiniyye* ottomane a été livrée par la trahison de ses élites. Mustafa Kemal mettra donc au point sa stratégie de reconquête à partir d'Ankara, ville anatolienne majoritairement turque, située à l'écart du front mais cependant reliée au système des chemins de fer ottomans depuis la fin du XIXe siècle : centrale sans être exposée.

La paix revenue, il faudra transformer effectivement cette cité sans attrait, dotée d'un climat continental rude de type steppique, en capitale d'un État en devenir. Atatürk fait alors appel à des urbanistes européens pour dessiner un plan moderne et fonctionnel la dotant de larges avenues arborées. Apparaît ainsi le quartier de Yenişehir (« nouvelle ville »), où se concentrent les fonctionnaires, tandis que la colline de Çankaya devient le siège de la présidence. La France y construit une belle ambassade de style Art déco.

L'essor urbain d'Ankara se poursuit au XXe siècle par à-coups. Attirant depuis les années 1990 une immigration rurale de plus en plus importante, elle est aujourd'hui, avec ses 6 millions d'habitants, la deuxième ville de Turquie. Centre administratif, mais aussi centre universitaire de premier plan, elle a peu d'atouts touristiques ; l'un de ses rares monuments historiques est l'Anıtkabir, le grand mausolée érigé dans les années 1940 à la gloire d'Atatürk.

15

Pourquoi Atatürk est-il si important en Turquie ?

Mustafa Kemal Atatürk est la grande figure historique de la Turquie moderne. Fondateur de la république en 1923, il en a été l'incarnation sa vie durant et même après, grâce à un culte de la personnalité régulièrement réactivé.

L'importance du personnage tient à ses exploits de chef de guerre, puis de dirigeant tout-puissant d'un État qu'il a créé lui-même. Sa biographie épouse d'abord les drames de la fin de l'Empire ottoman : né Ali Rıza oğlu Mustafa à Salonique, dans une famille turque modeste, il entre à l'école militaire contre l'avis de ses parents et se rallie à la cause jeune-turque[1]. Héros de la Première Guerre mondiale, il mène aux Dardanelles la seule bataille victorieuse de l'empire avant d'assister en Syrie aux débuts de la révolte arabe. La défaite militaire lui ouvre une carrière politique : il prend la tête du mouvement national, reconquiert le territoire anatolien livré aux appétits des alliés, obtient la révision du traité de Sèvres[2] et accouche un nouveau pays.

1. Voir la question 11, « Qui étaient les Jeunes-Turcs ? », p. 39.
2. Voir la question 16, « Qu'est-ce que le "syndrome de Sèvres" ? », p. 52.

La Turquie se confond dès lors avec sa personne. Il y introduit les codes sociaux de la modernité[1] et pose les bases d'une culture politique qui perdure, mélange de patriotisme, de confiance en l'État et de vénération du chef charismatique – un chef paternaliste comme le signifie bien ce surnom d'Atatürk, « père » ou « ancêtre » turc, qu'il porte à partir de 1934.

Les historiens turcs se sont longtemps complu dans l'hagiographie à son sujet et les militaires l'ont encore consacré « *leader* immortel et héros incomparable » dans le préambule de la Constitution de 1982. L'homme s'est en effet donné les moyens de verrouiller sa propre légende en inventant l'État-nation turc, en réformant la langue et en concentrant le pouvoir à l'extrême. Ses succès publics mille fois photographiés – images pieusement conservées et exposées, parfois colorisées de nos jours – laissent pourtant dans l'ombre une vie privée mystérieuse. Kemal s'est marié une fois et a adopté une ribambelle de petites filles. La rumeur le dit homosexuel, la cirrhose du foie qui a causé sa mort précoce en 1938 laisse planer le doute sur un possible alcoolisme, mais de tels détails sont impitoyablement censurés.

Mort en 1938 sans descendance et sans véritable héritier politique, Atatürk reste un repère unique, positif ou négatif, pour les générations suivantes dont il a conditionné durablement le mode de vie. Il compte aujourd'hui beaucoup de détracteurs, notamment parmi les Kurdes, qu'il a tenté d'assimiler par la force, et parmi les islamistes, qui honnissent son laïcisme de combat. Les Occidentaux

1. Voir la question 20, « Qu'est-ce que le kémalisme ? », p. 63.

voient en lui l'homme qui a tenté de séculariser un pays musulman, les Arabes admirent le résistant et le nationaliste. Quant à Tayyip Erdoğan, homme d'État lui aussi charismatique et réformateur, il s'est clairement engagé dans une compétition d'influence avec cette grande figure tutélaire.

16

Qu'est-ce que le « syndrome de Sèvres » ?

L'expression désigne une phobie collective turque héritée de l'histoire : la crainte sans cesse réactivée d'une dislocation du territoire de la république, sous l'effet du travail occulte d'ennemis intérieurs (essentiellement les minorités ethniques et religieuses) et extérieurs (y compris les alliés de la Turquie).

Le problème est né avec la signature du traité de paix de Sèvres, qui imposa en août 1920 des conditions léonines à la Turquie. Ce texte consacrait le démembrement de l'Empire ottoman et établissait des sphères d'influences pour les puissances européennes en Anatolie. Détachement des provinces arabes, promesse d'établissement d'un État arménien et d'un État kurde, assujettissement de l'armée, internationalisation des détroits : ce régime impitoyable provoqua un traumatisme psychologique difficilement dépassable, et la Turquie couva dès lors son « syndrome de Sèvres » – tout comme la Hongrie a son « syndrome de Trianon ».

Dans le cas turc, la trace laissée dans l'inconscient national est d'autant plus impressionnante que le traité de Sèvres n'a jamais été ratifié ni appliqué. La reconquête militaire du territoire entreprise par Mustafa Kemal aboutit en effet à la négociation d'un second traité, celui de Lausanne, qui fixa en juillet 1923 les frontières de la Turquie actuelle. Si l'Empire ottoman a perdu la guerre, la république de Turquie a bien gagné la sienne. La mobilisation patriotique est devenue le moteur de la culture politique turque, le nationalisme sa principale ressource, et le complotisme un réflexe permanent, toujours justifié par le soupçon de manœuvres cachées des ennemis de la Turquie (dont les accords secrets Sykes-Picot seraient la preuve éclatante).

Cette paranoïa collective est devenue au fil du temps un levier politique pour les nationalistes de tous bords. Les kémalistes orthodoxes sont les premiers à évoquer régulièrement, cartes à l'appui, la menace d'un « second Sèvres », perspective effrayante qui produit sur la société turque un fort effet disciplinaire. Elle permet de remettre au premier plan l'impératif sécuritaire, réinstituant l'État comme seul garant de la cohésion nationale au prix de fortes restrictions des libertés ; elle peut au passage légitimer les interférences politiques de l'armée. La liste des traîtres potentiels s'adapte aux circonstances : les Kurdes y occupent aujourd'hui la première place, et toute variation autour de la reconnaissance du génocide arménien provoque encore des réactions incontrôlées. L'Union européenne (héritière des vainqueurs de 1918), les États-Unis (avec la CIA) ou la Russie sont aussi régulièrement accusés d'arrière-pensées malveillantes à l'égard de la république.

17

La province de Hatay/Alexandrette est-elle turque ?

La province turque de Hatay est sous les feux de l'actualité depuis le début de la crise syrienne en 2011. Elle fait partie des régions qui accueillent massivement des réfugiés, et cet afflux de population entraîne de fortes tensions à Antakya, l'antique Antioche sur l'Oronte, capitale de la province, peuplée par une rare mosaïque de communautés ethniques et religieuses – Turcs sunnites et alévis, Arabes alaouites et chrétiens, Kurdes.

Cette diversité humaine résulte d'une histoire complexe. Avant de devenir une frontière, Hatay était un lieu de passage. Antioche a été l'une des premières capitales chrétiennes, avant de devenir une ville importante de l'Empire byzantin, puis de passer sous domination ottomane. Au lendemain de la Première Guerre mondiale, le sandjak d'Alexandrette (aujourd'hui İskenderun), qui comprend Antioche, fut rattaché à la Syrie et passa sous mandat français. La province était alors majoritairement peuplée d'Arabes ; Mustafa Kemal affirma pourtant dès 1923 qu'elle était historiquement turque, lui donna le nom de Hatay – formé à partir du mot « hittite » –, et réclama sa restitution.

La province connut alors des troubles politiques. À l'expiration du mandat, un éphémère État du Hatay fut créé sous l'égide de la Société des nations (SDN), coparrainé par la France et la Turquie. Celle-ci annexa définitivement le territoire en 1939 avec l'accord tacite de l'ancienne puissance mandataire. À l'approche de la guerre, la France était en effet soucieuse de s'assurer de bonnes relations avec la Turquie, État pivot dans une région fragile : la proximité turco-allemande pouvait faciliter les visées expansionnistes d'Hitler au Levant. Alexandrette fut donc sacrifiée sur l'autel de la *realpolitik*. Afin d'assurer l'intégration définitive du territoire, Atatürk entreprit de renverser les équilibres démographiques en organisant son peuplement volontaire par des Turcs, ainsi que la turquification des communautés arabes.

L'annexion d'Alexandrette n'a jamais été reconnue par la Syrie et le territoire continue de figurer sur ses cartes officielles ; elle n'a cependant nullement tenté de le reprendre par la force. Mais le déclenchement de la guerre civile syrienne et la détérioration dramatique des relations entre Tayyip Erdoğan et Bachar el-Assad ont réactivé les tensions, et le régime syrien évoque désormais parfois la question de Hatay comme un *casus belli*. Située au nord de Lattaquié et à l'ouest d'Alep, la province est voisine de lieux de combats hautement stratégiques ; c'est par elle que passe désormais une bonne partie de l'aide humanitaire à destination de la Syrie.

18

De quel côté étaient les Turcs pendant la Seconde Guerre mondiale ?

Lorsque la Seconde Guerre mondiale se déclencha en Europe, Kemal Atatürk était mort depuis moins d'un an. La Turquie était entrée dans une phase de latence où perduraient les principes politiques kémalistes, servis par une gouvernance opaque et autoritaire. Le pays était encore en chantier et se construisait sur un mode quasiment autarcique, érigeant l'indépendance nationale en dogme. L'impératif de protection de la jeune république prévalut ainsi pendant toute la guerre : il prescrivait une forme de neutralité, qui n'excluait pas les calculs stratégiques et les marchandages diplomatiques.

Le traumatisme de la fin de l'Empire ottoman est déterminant pour expliquer l'attitude des Turcs pendant le conflit. Ils restaient marqués par la défaite, obsédés par l'impréparation de leur armée en 1914. Des documents attestent qu'Atatürk avait vu venir la nouvelle catastrophe de loin et voulait rester à l'écart d'un conflit qu'il sentait inéluctable, se méfiant de la puissance hitlérienne et de l'agressivité de l'Italie fasciste en Méditerranée. Son successeur İsmet İnönü dut défendre la position turque dans un champ de forces complexes. Elle n'a été ni vraiment neutre, ni belligérante, toujours en équilibre.

La géographie mit la Turquie sous tension. Située au carrefour des Balkans, de l'URSS et du Moyen-Orient, elle avait récupéré en 1936 la souveraineté sur les détroits du Bosphore et des Dardanelles, et commandait à la fois l'accès à la Méditerranée et la route de l'énergie de la mer Caspienne. Une course de vitesse s'est donc engagée dès l'avant-guerre pour s'assurer les faveurs du gouvernement turc. Les Français et les Britanniques cherchaient à garantir sa neutralité ou son ralliement, tout en travaillant à son réarmement préventif. Un pacte anglo-turc, signé en mai 1939, fut suivi de la cession d'Alexandrette par les Français ; les Turcs réclamèrent des crédits et du matériel militaire. Le jeu changea de mains après la défaite française : la Turquie signa un traité de non-belligérance avec l'Italie en juin 1940, puis un traité d'amitié avec l'Allemagne en juin 1941. İnönü entreprit alors de livrer du chrome au régime nazi, tout en résistant à ses pressions pour faire transiter des troupes en direction du pétrole de l'Azerbaïdjan soviétique. Américains et Britanniques insistèrent constamment pour que la Turquie interrompe ses relations avec l'Allemagne, et tentèrent encore sans succès de forcer son engagement en mer Égée en 1943.

La Turquie n'entra finalement en guerre aux côtés des Alliés qu'en février 1945, après la conférence de Yalta, se plaçant ainsi du côté des vainqueurs pour décider du nouvel ordre mondial. Confrontée au réveil des appétits russes, elle choisit ensuite rapidement le camp de l'Ouest pendant la guerre froide.

19

Combien y a-t-il eu de coups d'État militaires depuis la fondation de la République turque ?

Après la mort d'Atatürk, la progression vers la démocratie a été régulièrement freinée par un problème déjà connu des Ottomans : la concurrence entre forces militaires et pouvoir civil. On recense ainsi officiellement entre 1960 et 2016 quatre coups d'État militaires effectifs, un avertissement et une tentative. Ces interruptions du jeu démocratique marquent les consciences et les engagements militants : le rythme quasi décennal des *putschs* a façonné les générations politiques en Turquie.

Le premier coup est souvent qualifié de libéral. Face à la dérive liberticide et pro-islamiste du parti démocrate, le général Cemal Gürsel déposa le gouvernement le 2 mai 1960 sans effusion de sang pour « instaurer une démocratie juste, honnête et solide » et fit adopter une constitution considérée comme la plus démocratique de l'histoire du pays. Jugé pour haute trahison, le Premier ministre Adnan Menderes fut pendu l'année suivante avec deux de ses ministres. Ce « coup d'État de gauche » accoucha de la génération 1968, qui se donna pour tâche historique de dépasser le kémalisme.

La montée d'une ultra-gauche syndicale et politique violente, affrontant l'extrême droite dans la rue, justifia précisément le *putsch* suivant. Le 12 mars 1971, l'armée publia un mémorandum poussant le Premier ministre Süleyman Demirel à la démission. La loi martiale fut maintenue pendant plus de deux ans, pendant lesquels des milliers de personnes furent détenues. La gauche républicaine remporta les élections à l'issue de cette « transition », mais le désordre perdura.

L'antagonisme entre le parti communiste et les Loups gris[1] radicalisa la violence et paralysa ensuite les institutions. Le 12 septembre 1980, le général Kenan Evren instaura un régime militaire pour trois ans. La répression contre la gauche et les Kurdes fut très dure. L'armée produisit une nouvelle constitution, moins libérale et plus nationaliste, qui consacra son rôle comme garante de la stabilité et des institutions. Elle rendit le pouvoir aux civils mais en conserva le contrôle à travers un Conseil national de sécurité.

Le 18 juin 1997, l'armée obtint encore, sans coup férir, la démission du Premier ministre islamiste Necmettin Erbakan – mentor politique de Tayyip Erdoğan. Accusé de menacer la laïcité, il céda la place à une coalition de centre droit.

Le 27 avril 2007, l'armée exprima sur son site internet sa préoccupation concernant l'élection d'un président

1. Voir la question 24, « Qu'appelle-t-on les "Loups gris" ? », p. 73.

de la République islamiste. L'effet de recadrage de cet « e-mémorandum » fut mineur et le candidat de l'AKP, Abdullah Gül, effectivement élu.

Le 15 juillet 2016, un groupe mal identifié de militaires issus de la Première armée a tenté de renverser le président Tayyip Erdoğan. L'opération a échoué et s'est soldée par près de trois cents morts et des dizaines de milliers d'arrestations. Le gourou exilé Fethullah Gülen, ennemi personnel du président, a été désigné comme l'instigateur du *putsch* et des purges massives se sont enclenchées à tous les niveaux de l'État.

POLITIQUE

20

Qu'est-ce que le kémalisme ?

Le kémalisme cadre encore l'organisation institutionnelle de la Turquie et irrigue sa culture politique près de quatre-vingts ans après la disparition de Mustafa Kemal, qui avait pourtant refusé de son vivant d'ériger sa pratique en doctrine.

Féru de grands principes, inspiré par le matérialisme allemand et la Révolution française, Mustafa Kemal était occidentaliste, rationaliste, positiviste. Son obsession des réformes avait pour but d'amener la Turquie au « niveau de la civilisation moderne » (*muasır medeniyetler seviyesi*). Mais c'était aussi un pragmatique, chef de guerre devenu homme d'État, dont la pensée politique et sociale, fortement influencée par son époque et son environnement immédiats, s'était cristallisée dans l'urgence. Dans l'Europe des années 1930 où elle s'insère, la synthèse kémalienne apparaît à bien des égards comme une sorte de troisième voie entre bolchevisme et fascisme. Les six principes inscrits dans la Constitution de 1937 – républicanisme, nationalisme, laïcisme, populisme, étatisme et révolutionnarisme (ou esprit de réforme) – s'inscrivent bien dans ce continuum.

En pratique, la conception rigide et jacobine de l'État-nation entraîne une dérive autoritaire et répressive à l'égard des minorités, et le rêve de modernisation à l'occidentale, porté par une petite élite républicaine au service du régime, est devenu socialement excluant pour les masses. Ces travers ont été critiqués après la disparition du grand homme mais l'absence de projet alternatif efficace n'a pas permis de les dépasser, et les coups d'État à répétition ont régulièrement remis la Turquie sur les rails kémalistes.

Les héritiers autoproclamés de Kemal ont progressivement transformé sa pensée en idéologie d'État. Pour conjurer le chaos, les militaires ont ainsi instauré en 1980 un véritable culte de la pensée d'Atatürk dans sa version unificatrice étroite, nationaliste et xénophobe. Ils ont dans le même temps réhabilité l'islam comme ciment social, tout en désignant le nationalisme kurde comme ennemi principal. Le progressisme se mue alors en réactionnarisme. Le positionnement du Parti républicain du peuple (*Cumhuriyet Halk Partisi*, CHP), qui incarne sur l'échiquier politique l'héritage kémaliste, est aujourd'hui peu clair : théoriquement social-démocrate, il a tout d'un parti de la droite nationale.

La première vraie contestation politique en acte du kémalisme est venue de l'AKP. Cependant, après avoir affirmé que le culte de l'armée, le racisme et la laïcité de combat étaient antidémocratiques, Tayyip Erdoğan s'est plutôt coulé dans le système. Des fameux six principes d'Atatürk, le laïcisme est le seul vraiment battu en brèche. Et l'objectif du président actuel ne semble pas tant être d'abolir le kémalisme que de parvenir à remplacer la figure d'Atatürk aux yeux de l'histoire.

21

Pourquoi les Turcs sont-ils nationalistes ?

Les Turcs sont de grands patriotes, mais le fait national en Turquie est récent : le nationalisme est né un peu avant la république et s'est ancré avec le kémalisme, pour devenir une composante inaltérable et largement partagée du paysage politique.

La Turquie est à l'origine un pays de peuplement mixte. L'arrivée tardive de tribus turciques au Xe siècle sur les terres déjà habitées de l'Anatolie, les conquêtes tous azimuts des Ottomans ont provoqué un brassage ethnique permanent. Dans l'empire, les individus étaient regroupés au sein de communautés ethniques ou religieuses ; l'élément turc était minoritaire et peu valorisé. Au XIXe siècle, la contamination des modèles nationalistes européens a contraint les Ottomans à se réorganiser. L'idée d'une « citoyenneté ottomane » égalitaire naît alors pour éviter un démantèlement hâté par les révoltes nationales. Elle sera balayée par les prémisses du nationalisme turc.

Mustafa Kemal s'appuie sur le nationalisme au début des années 1920 pour consolider ce qui lui reste de territoire et fusionner les populations anatoliennes avec les rescapés de l'empire. Il proclame l'existence d'une nation turque supérieure et inscrit dans ses six principes un nationalisme sévèrement unificateur, qui se prolonge à l'extérieur vers la communauté fantasmée des Turcs d'Asie centrale, le Touran. La population s'homogénéise en Turquie par un mélange d'épuration – les chrétiens, en partie exterminés pendant la guerre, continuent de quitter le pays, l'islam sunnite devenant le ciment de la nation – et d'assimilation – les Kurdes sont déclarés « Turcs des montagnes ». Le nationalisme s'analyse ici comme un réflexe de survie ; sans son effort constant, la nation elle-même meurt et le pays se désagrège.

En une centaine d'années, ce patriotisme de combat a mué en un chauvinisme étroit et tourne régulièrement à l'ultranationalisme radical, dont les Loups gris[1] sont les représentants les plus aboutis. Ranimé par l'évocation des menaces intérieures et extérieures, il impose une discipline collective porteuse de pulsions mortifères. L'exaltation du drapeau, l'usage politique du mythe de la pureté du sang en sont autant d'expressions. L'éducation joue un grand rôle pour l'entretenir et son registre est très sentimental. L'amour de la patrie justifie tout, de la simple manifestation à la ratonnade anti-kurde ou anti-alévie, en passant par le révisionnisme sur la question des frontières.

L'AKP a définitivement intégré l'islam dans sa définition de la nation[2]. Teintée d'ottomanisme et de pan-

1. Voir la question 24, « Qu'appelle-t-on les "Loups gris" ? », p. 73.
2. Voir la question 26, « L'AKP est-il un parti islamiste comme les autres ? », p. 77.

touranisme[1], elle glorifie cependant toujours l'avant-garde turque. Les revers du régime provoquent en outre, depuis 2015, une nouvelle crispation nationaliste ; une évolution qui inquiète les Européens.

1. Courant politique visant à la réunion de tous les peuples turcophones.

22

Y a-t-il une gauche en Turquie ?

Le paysage politique turc légal a toujours été dominé par des partis de droite, au point que l'on peut s'interroger sur la pertinence du clivage gauche/droite dans ce pays. La marginalisation de la gauche résulte d'une lutte politique violente, où triomphent régulièrement les forces politiques conservatrices, qui tentent ensuite d'éradiquer purement et simplement leurs adversaires.

La Turquie a pourtant partagé la matrice politique de la plupart des pays européens. Les idées socialistes ont pénétré dans l'Empire ottoman finissant grâce aux élites ayant séjourné à Berlin ou à Paris ; un parti communiste (le *Türkiye Komünist Partisi*), affilié au Komintern, a même été fondé à Istanbul en 1920, mais Mustafa Kemal a liquidé ses chefs dès 1921, persécuté les militants et inscrit l'interdiction du communisme dans le code pénal. La république a ensuite connu le régime du parti unique jusqu'en 1945 ; le parti officiel, le CHP, est simplement kémaliste.

Quinze ans après l'instauration du multipartisme, un coup d'État militaire dit « de gauche » intronise en 1960 un gouvernement qui comprend des militaires d'extrême droite, mais accouche d'une constitution libérale. Il permet la création du premier parti socialiste légal et d'un syndicat socialiste ; la diffusion de la culture de 1968 inspire aussi une myriade de groupuscules révolutionnaires. Les affrontements entre l'extrême gauche et l'extrême droite plombent alors la Turquie, provoquant deux nouvelles interventions de l'armée en 1971 et 1980. Le coup d'État militaire de 1980 signe pratiquement l'arrêt de mort de la gauche, avec des arrestations par dizaines de milliers, l'interdiction des partis et la condamnation de leurs dirigeants à l'inéligibilité à vie. Beaucoup de militants s'exilent en Europe de l'Ouest.

Les partis de centre droit ont ensuite monopolisé le pouvoir, s'alliant dans des coalitions baroques avec l'extrême droite ou les islamistes, jusqu'à l'irruption de l'AKP. La gauche, structurellement handicapée par sa fragmentation idéologique et organisationnelle, s'est repliée sur la société civile. Le barrage de 10 % des voix pour accéder au Parlement permettait au CHP, parti de l'élite dont le programme s'est éloigné des idéaux socialistes, d'incarner seul la gauche de gouvernement. Des poches de radicalité subsistent, avec un terrorisme d'extrême gauche ciblant périodiquement les forces de l'ordre.

Depuis les années 1990, l'affrontement idéologique et la conflictualité sociale se sont en réalité déplacés vers la question kurde. L'espoir de renouveau porté en 2014 par la création du HDP (*Halkların Demokratik Partisi*, Parti démocratique des peuples), fusion des pro-kurdes et de la gauche alternative[1], n'a cependant pas résisté à la volonté d'hégémonie de l'AKP. Un parti profondément conservateur est encore une fois le maître du jeu.

1. Voir la question 23, « Où se situe politiquement le parti pro-kurde du HDP ? », p. 70.

23

Où se situe politiquement le parti pro-kurde du HDP ?

Le Parti démocratique des peuples ou HDP est apparu sur la scène politique turque peu après les événements de Gezi[1]. Né du rapprochement entre la mouvance légale pro-kurde et plusieurs organisations de la société civile alternative, ce parti a ouvert une perspective de rénovation inespérée de la gauche en Turquie.

Propulsé en première ligne par de bons résultats électoraux, le HDP a bénéficié du charisme de son *leader*, l'avocat quarantenaire Selahattin Demirtaş, militant des droits de l'homme et de la cause kurde. Avec son style moderne et décontracté, il a réussi l'exploit de réunir 10 % des voix face à Tayyip Erdoğan lors du scrutin présidentiel d'août 2014. Le parti a renouvelé sa performance lors des élections législatives de juin 2015, passant largement le seuil des 10 % nécessaires pour être représenté au Parlement : avec 13 % des suffrages, il se retrouvait à égalité avec la droite nationaliste du MHP (*Milliyetçi Hareket Partisi*) et brisait la majorité absolue de l'AKP.

1. Voir la question 32, « Qu'est-ce que l'"esprit de Gezi" ? », p. 90.

Le HDP est alors devenu la coqueluche des commentateurs occidentaux, sensibles à sa parenté revendiquée avec la mouvance verte et les gauches alternatives européennes. Surnommé le « Tzipras turc », Demirtaş avait effectivement fait campagne bien au-delà des habituelles thématiques pro-kurdes : justice sociale, redistribution économique, défense de l'écologie, droits des minorités ethniques et des LGBT (lesbiennes, gays, bi et trans) sont autant de sujets nouveaux que le parti tentait d'imposer sur l'agenda politique turc.

Une possibilité d'alliance semblait se dessiner entre le HDP et l'AKP, sur fond de processus de paix avec la guérilla séparatiste kurde du PKK (*Partiya Karkerên Kurdistan*, Parti des travailleurs du Kurdistan). Mais le retour des hostilités à l'été 2015 a précipité la marginalisation du HDP, *de facto* renvoyé à une posture ethnique de stricte défense des droits des Kurdes. Ses militants sont alors devenus la cible de violences systématiques de la part des nationalistes turcs et des soutiens de l'AKP. Le scrutin législatif rejoué en novembre 2015 lui a permis de se maintenir de justesse au Parlement, mais il est rapidement apparu en sursis.

Les détracteurs du HDP dénoncent sa proximité avec le PKK – c'est le fardeau habituel de tous les partis pro-kurdes. Bon nombre des cadres du HDP viennent en effet des cercles proches de la rébellion armée et sont imprégnés de sa culture radicale et clandestine. Poursuivi par la vindicte du chef de l'État, constamment sommé de clarifier sa position, Demirtaş s'est retrouvé coincé entre sa base militante ultra et ses ambitions d'ouverture. Au printemps 2016, le Parlement turc a voté la levée de l'immunité des parlementaires du HDP pour complicité avec une organisation terroriste. Le coup d'État manqué de juillet a hâté la punition. Les arrestations de députés se sont multipliées à l'automne et Selahattin Demirtaş est aujourd'hui en prison.

24

Qu'appelle-t-on les « Loups gris » ?

Les « Loups gris » (*bozkurtlar*) sont à l'origine l'organisation de jeunesse du Parti d'action nationaliste, le MHP. On leur assimile plus largement toute une mouvance d'extrême droite, ultranationaliste et raciste, qui utilise leurs symboles comme signe de ralliement.

L'organisation a été fondée à la fin des années 1960 par le colonel Alparslan Türkeş, l'un des auteurs du coup d'État militaire de 1960. Son nom est inspiré par la mythologie touranienne : les Turkmènes, ancêtres des Turcs actuels, auraient été guidés depuis l'Asie centrale vers l'Anatolie par une meute de loups. Le symbole des Loups gris est un drapeau rouge orné de trois croissants ; leur signe de ralliement consiste à imiter une tête de loup avec la main. Ils se désignent aussi comme les « idéalistes » (*ülkücüler*).

Dans les années 1970, cette milice bien entraînée affrontait dans la rue les militants de gauche et d'extrême gauche, et organisait des expéditions punitives contre les minorités, au prétexte de protéger l'État contre les influences étrangères. Le MHP, présent dans des gouvernements de coalition, lui facilitait l'accès aux ressources de l'État. Les Loups gris ont assassiné durant cette période plusieurs milliers de personnes, militants libéraux, intellectuels et journalistes (dont le rédacteur en chef du quotidien *Milliyet*, Abdi İpekçi, en 1979), syndicalistes ou Kurdes. Ils sont à l'origine du pogrom qui a fait plus de 100 morts alévis à Kahramanmaraş en 1978.

L'organisation comptait près de 200 000 membres à la veille du *putsch* de 1980. Elle a moins souffert de la reprise en main que la gauche et certains de ses activistes se sont reconvertis dans la mafia. L'audience du mouvement est par la suite corrélée aux performances du MHP, encore deuxième force politique du pays à la fin des années 1990. Le scandale de Susurluk[1] expose en 1996 la force de leurs connexions avec le pouvoir : très présents dans la police et les services, ils exécutent à l'époque les basses besognes anti-kurdes de l'État. Leur idéologie a intégré la synthèse turco-islamique, qui leur ouvre une passerelle vers les partis islamistes.

De nos jours, les Loups gris reprennent du service dans les moments de tension. Les Kurdes restent leur principale fixation ; ils ont activement participé aux attaques de permanences du HDP en 2015. Melih Gökçek, le maire AKP d'Ankara, lui-même ancien *ülkücü*, les mobilise pour maintenir l'ordre dans certains quartiers de la ville.

Les Loups gris sont bien implantés en Europe (Allemagne, Pays-Bas, Belgique), sous couvert d'organisations de défense de l'identité turque, et étroitement surveillés par les autorités qui craignent des débordements. Le plus célèbre d'entre eux est sans doute Mehmet Ali Ağca, qui a tenté d'assassiner le pape Jean-Paul II en 1981, sans que l'on parvienne à identifier le donneur d'ordre.

---

1. Voir la question 25, « Qu'est-ce que l'“État profond” ? », p. 75.

25

Qu'est-ce que l'« État profond » ?

L'« État profond » (*Derin devlet*) est une notion à la fois obscure et courante du vocabulaire politique turc. Elle désigne une structure politique parallèle fantasmée, qui déciderait dans l'ombre : un État derrière l'État, mais qui pourrait aussi être le cœur de l'État lui-même, une sorte de noyau dur secret réunissant des personnages influents pour remplir des missions « sales » au service de l'État.

Les manifestations concrètes de cet État profond sont assez rares. La plus connue est le scandale de Susurluk (*Susurluk skandalı*), qui s'est produit au plus fort des affrontements entre le PKK et les autorités turques. Le 3 novembre 1996, un accident de voiture dans une petite ville de l'Ouest fait plusieurs victimes : un député de Şanlıurfa, engagé avec le pouvoir dans la stratégie de contre-insurrection villageoise dans les régions kurdes ; le chef adjoint de la police d'Istanbul ; le patron des Loups gris, Abdullah Çatlı, et sa petite amie, une ancienne reine de beauté. L'accident ressemble à une liquidation et le ministre de l'Intérieur, Mehmet Ağar, qui passait ses vacances avec le groupe, paraissait également visé ; la Premier ministre Tansu Çiller serait impliquée. L'affaire expose la proximité entre les dirigeants politiques, les milieux sécuritaires et la mafia, sur fond de lutte contre le PKK et de contrôle du trafic de drogue.

Le sujet de l'État profond revient au premier plan en 2007 avec l'affaire Ergenekon, du nom d'un réseau criminel rassemblant des militants ultranationalistes, des membres du parti kémaliste, des officiers de l'armée et de la gendarmerie, des mafieux, mais aussi des magistrats et des intellectuels. C'est la découverte de caches d'armes dans la banlieue d'Istanbul qui dévoile ce réseau et entraîne l'arrestation de plusieurs centaines de personnes pour un ensemble impressionnant de crimes : le meurtre du journaliste arménien Hrant Dink, des escadrons de la mort anti-kurdes, une tentative d'assassinat d'Orhan Pamuk… Le procès Ergenekon, déclaré « procès de l'État profond », se déroule dans une extrême confusion. Des connexions avec des officines de la CIA opérant pendant la guerre froide sont évoquées. L'affaire permet à l'AKP d'intimider une partie de ses opposants.

Plus récemment, le flou entourant l'énorme attentat du 10 octobre 2015 à Ankara, qui a coûté la mort à plus de cent militants de gauche, pro-kurdes et pro-paix, a relancé la crainte d'une réactivation de l'État profond. Bureaucraties gangrenées par la mafia, conspirations sécuritaires, terreur organisée : les théories du complot se renforcent en période de crise. La mythologie de l'État profond illustre finalement le rapport ambivalent que les Turcs entretiennent avec leurs institutions : la vénération de l'État se double d'une crainte permanente des agissements du Moloch qui, au nom d'une idéologie de la survie, a tout pouvoir sur les citoyens.

26

L'AKP est-il un parti islamiste comme les autres ?

À son arrivée au pouvoir en 2002, l'AKP était une énigme. Se présentant comme « musulman démocrate » ou « démocrate conservateur », lieu de ralliement des « calvinistes islamiques[1] », il combinait référent religieux et volonté affichée de réforme, tout en clamant son attachement à la démocratie.

L'identité du parti est marquée par les luttes internes à l'islamisme turc, acteur permanent du champ politique depuis l'après-guerre. Ce sont les succès politiques du Refah, parti islamiste devenu première force du pays avec les législatives de 1995, qui ont permis à Tayyip Erdoğan et au noyau fondateur de l'AKP de faire leurs classes. Erdoğan lui-même a été maire d'Istanbul de 1994 à 1998, bâtissant son succès local sur des actions anticorruption. Condamné pour des propos portant atteinte à la laïcité après le *soft* coup d'État de 1997, il fonde en 2001 l'AKP avec l'aile moderniste du Refah. Ce nouveau parti entérine la laïcité pour ne pas froisser les militaires, prend acte d'une majorité sociale conservatrice dans le pays, main-

1. Voir la question 69, « Qui sont les "tigres anatoliens" ? », p. 182.

tient son discours de moralisation de la vie politique (le nom du parti joue sur le mot *ak*, qui signifie « blanc » en turc) et confirme le tournant économique libéral.

L'électorat turc répond massivement à l'appel et c'est le début d'une *success-story* électorale sans interruption. Dans un premier temps, Erdoğan déroule un agenda de changement qui fait de l'AKP une communauté attrape-tout, élargissant constamment son audience au détriment des « vieux » partis. Pro-*business*, pro-libertés – particulièrement la liberté religieuse –, en faveur de la diversité identitaire : il bouscule les repères en s'aidant du cadre de réformes proposé par l'Union européenne. L'AKP rallie ainsi une bonne partie de l'électorat kurde, orphelin de représentation ; le CHP et le MHP, désorientés, sont incapables de faire leur *aggiornamento*. Tayyip Erdoğan a créé une machine à gagner les élections. Travailleurs et disciplinés, très actifs sur le terrain local, ses militants mixent proximité et clientélisme pour récolter des suffrages.

La composante islamique du programme apparaîtra progressivement. Le tournant intervient probablement avec les événements de Gezi – une révolte écologiste devenue anti-Erdoğan, et les printemps arabes –, l'AKP se rapproche alors des partis arabes de type Frères musulmans et rêve de prendre la tête d'une coalition islamiste régionale. Le tournant autoritaire et nationaliste se précise au même moment. L'AKP devient ainsi le champion de la synthèse turco-islamique, affichant comme ses trois piliers la famille, la religion et la nation. Sa démocratie minimaliste est réduite au critère de l'élection, et n'a plus rien de libéral.

27

Pourquoi Erdoğan est-il si populaire ?

Après quinze ans d'exercice du pouvoir pratiquement sans partage, Recep Tayyip Erdoğan apparaît comme la figure politique la plus marquante de l'histoire de la Turquie post-kémaliste. Charismatique et bon tacticien, il s'est affirmé au fil des ans comme l'excellent représentant d'un autoritarisme populiste réformateur en phase avec son époque.

Le président est adulé sans discussion par une bonne partie de la population turque et les ressorts de sa popularité sont à chercher à la fois dans sa personnalité et son bilan. « Tayyip », comme le surnomment affectueusement ses *supporters*, a fait accéder son pays au rang de puissance mondiale. La Turquie sous l'AKP a connu un décollage économique sans précédent, elle s'est ouverte au monde, et a même commencé à admettre sa propre complexité sociale : « Turquie noire[1] » et minorités sont devenues des protagonistes à part entière de l'histoire turque.

Ses électeurs apprécient autant le programme d'Erdoğan que son caractère. Ils s'identifient à son personnage d'homme du peuple, parvenu au sommet à force

1. Voir la question 52, « Qu'est-ce qu'un "Turc blanc" ? », p. 135.

d'audace et de conviction. La légende dorée du président est soigneusement entretenue par le parti et nourrit ses campagnes marathons qui révèlent un tempérament d'athlète de la politique. Né dans le quartier populaire de Kasımpaşa situé entre Pera et la Corne d'or à Istanbul, Tayyip Erdoğan a justement abandonné sous pression paternelle une carrière de footballeur, pour consacrer son énergie à la politique. Éduqué dans un *imam hatip* (lycée religieux), persécuté comme islamiste par les militaires, il a su capter avec l'AKP les aspirations d'un électorat religieux marginalisé par l'ultra-sécularisme. Son programme réformateur cristallise la volonté de revanche de la Turquie conservatrice anatolienne et les espoirs d'une nouvelle classe moyenne en quête d'un consumérisme normalisateur. Le style spontané et brusque du président, ses outrances discursives, sa piété affichée sont reçus par ses admirateurs comme des preuves d'authenticité.

Tayyip Erdoğan a jusqu'à présent survécu à la prison, à un cancer et à un coup d'État. Persuadé d'être l'homme à qui la Providence a confié le destin de la Turquie, il veut désormais en être le maître absolu. Il ne tolère donc aucune opposition. Menaçant personnellement ceux qui osent le critiquer – le délit d'insulte au chef de l'État est à l'origine de centaines de procès –, il tente d'imposer dans son pays un consensus paternaliste en brutalisant ses contradicteurs. Mégalomane, il met constamment en scène dans les médias sa réussite et son adoration par les foules. Mais les outrances du régime lui créent aussi des ennemis : libéraux, laïcs, opposants kurdes, une partie des nationalistes de droite, gülénistes religieux radicaux se rejoignent désormais dans une détestation croissante du héros néo-islamiste.

28

Que veut Erdoğan pour la Turquie ?

Depuis l'élection présidentielle de 2014, Recep Tayyip Erdoğan met systématiquement en avant son projet de transformer la Turquie.

Les ambitions rénovatrices de l'AKP étaient manifestes dès son arrivée au pouvoir, mais elles se confondaient alors de façon assez rigoureuse avec l'agenda de réforme européen. Contre l'armée, pour la diversité, pour l'économie de marché ; ce cahier des charges a séduit beaucoup d'intellectuels libéraux. La tonalité a changé depuis et le projet personnel du président pourrait désormais se résumer à deux éléments : asseoir la puissance turque, et construire une société homogène dont l'islam sera le liant.

La Turquie a triplé son PNB par tête en dix ans et veut devenir l'une des dix premières économies mondiales. Les grands travaux du président sont l'emblème du développement et Istanbul sa vitrine : Tayyip Erdoğan y a fait construire un nouveau pont et une gigantesque mosquée, un troisième aéroport est en cours d'achèvement et le creusement d'un canal est envisagé pour doubler le Bosphore. La grande politique étrangère turque cherche un rôle de *leader* sunnite au Moyen-Orient ; Erdoğan dialogue avec Vladimir Poutine et Donald Trump, reléguant les partenaires européens à un rang subalterne. Il impose aussi une révolution sociale conservatrice. La formation de « générations pieuses » passe par la réintroduction de la religion dans l'enseignement ; les mosquées se multiplient et les *meetings* politiques s'ouvrent sur des prières. Le président chérit la famille et martèle à l'intention des femmes un idéal de maternité qui ne se réalise décemment qu'au-delà du troisième enfant.

Après quinze ans de pouvoir sans partage, Tayyip Erdoğan inscrit son action dans le temps long en se donnant des horizons hautement symboliques : sa « vision 2023 », qui liste une série de grands objectifs, cible l'année du centenaire de la république. Deux autres dates sont régulièrement citées : la marche vers le progrès doit se poursuivre jusqu'en 2053, pour les six cents ans de la conquête de Constantinople, et même 2071, année du millénaire de la victoire de Manzikert sur les Byzantins.

Cette projection suppose une continuité qui pourrait être facilitée par des changements institutionnels. La présidentialisation du régime, combinée à la domestication sans pitié de l'opposition, confirme en effet le *reis* (chef) comme seul maître à bord. Tayyip Erdoğan détrône progressivement Atatürk dans le cœur de son électorat et dans l'histoire officielle. En novembre 2016, lors de la commémoration du décès du fondateur de la république, le président a systématiquement appelé celui-ci « Mustafa Kemal », reléguant aux oubliettes le surnom du « Turc-Père », Atatürk.

29

Peut-on comparer Erdoğan à Vladimir Poutine ?

Recep Tayyip Erdoğan et Vladimir Poutine ont ouvert au début des années 2000 une nouvelle ère des dirigeants forts, à la lisière de l'Europe. Les analystes occidentaux, inquiets pour l'avenir de leurs démocraties, ont pris l'habitude de les comparer, dressant leur portrait en dictateurs réactionnaires passés maîtres dans l'art de la diplomatie de nuisance.

Les deux personnages ont des points communs. C'est d'abord le tournant autoritaire du régime turc qui a forcé la comparaison avec la Russie. Poutine et Erdoğan partagent l'obsession du pouvoir, se sont installés à la tête de l'État par l'élection et s'y maintiennent sans partage par des manœuvres complexes – un jeu d'allers et retours entre le poste de Premier ministre et celui de président, des votations plébiscitaires. Ils s'approprient les institutions et les réforment si nécessaire, nient la séparation des pouvoirs, imposent un exécutif tout-puissant pour redresser la patrie, pratiquent des purges pour maintenir la cohésion de l'État.

Économiquement libéraux, ils ont permis l'émergence d'une classe de nouveaux riches qui leur est politiquement acquise. Socialement conservateurs, ils ont une vision de la communauté nationale traditionaliste, normative et darwinienne, travaillée par l'obsession de la pureté – la situation des minorités se détériore en Russie comme en Turquie. L'islam inspire l'un quand l'autre défend les valeurs de l'Église orthodoxe. Ils sont très nationalistes et leur politique extérieure exprime une volonté de puissance reposant sur la nostalgie impériale – « nouveau tsar » contre « nouveau sultan » –, en rupture avec un Occident qu'ils déclarent décadent.

Ce sont des chefs charismatiques, qui pratiquent le culte de la personnalité et cultivent leur légende – Erdoğan, le gamin des rues d'Istanbul, bagarreur et entier, Poutine, le fonctionnaire intègre dévoué à la Russie depuis son plus jeune âge. Populistes et clientélistes, sensibles à la critique, ils contrôlent les médias où ils apparaissent souvent et censurent les réseaux sociaux. Ils lancent de grands projets pour marquer l'histoire : les JO de Sotchi, les grands travaux à Istanbul ou le palais présidentiel d'Ankara.

Tous deux apprécient la mise en scène de la force physique : le maître en arts martiaux (Poutine) dialogue avec l'ancien footballeur (Erdoğan). Ces postures en disent long : le dirigeant russe, stratège maîtrisé, souvent comparé à un joueur d'échecs, est aujourd'hui aux commandes du jeu régional face à un Erdoğan trahi par son tempérament sanguin. Dans la réalité, les interactions entre autocrates sont souvent compliquées : la spectaculaire brouille russo-turque de 2015, suivie d'une réconciliation pleine d'arrière-pensées, révèle aussi les limites de la sympathie entre les deux hommes.

30

Que veulent les Kurdes de Turquie ?

La Turquie est le pays du Moyen-Orient où l'on trouve le plus grand nombre de Kurdes : ils seraient entre 12 et 15 millions, soit près de 20 % de la population totale, pour l'essentiel sunnites et parlant un même dialecte, le kurmandji – même si des groupes alévis et des identités intermédiaires, tels les Zazas, subsistent.

C'est aussi en Turquie que la politique d'assimilation des Kurdes a été la plus systématique et la plus aboutie, sans pour autant parvenir à une intégration satisfaisante. La stratégie de l'État turc a toujours hésité entre une incorporation forcée et violente dans le tissu social turc reconstruit, et de brefs moments d'ouverture.

Historiquement, les Kurdes ont longtemps joué un jeu d'alliances versatile, à la charnière des empires ottoman et perse. Leurs tribus étaient des vassales sans état d'âme, et ce n'est qu'à la fin du XIXe siècle que le frémissement nationaliste venu de l'Occident a touché les Kurdes anatoliens. Leurs élites hésitent alors entre l'alignement sur le projet de réforme ottomaniste et la quête de l'indépendance. Quand le traité de Sèvres esquisse les contours d'un territoire autonome, la majorité choisit de se rallier à Mustafa Kemal dans sa guerre de reconquête, en échange d'une vague promesse de fédération turco-kurde. En réalité la république kémaliste, obsédée par l'unification de la terre et des peuples anatoliens, étouffera par la suite toute expression identitaire kurde. Les révoltes sont rapidement matées, comme dans la région du Dersim, en 1938.

La lutte nationale kurde reprend dans le giron de la gauche militante à partir des années 1960, jusqu'à l'éclosion d'un mouvement de guérilla séparatiste en 1978 : le PKK radicalise la cause et devient pour deux décennies l'ennemi numéro un de l'État turc. Ce n'est qu'avec le processus de paix entamé en 2013 qu'une vraie négociation politique peut s'engager et clarifier les positions de chacun. Les revendications kurdes sont d'abord d'ordre culturel : garantir l'usage de la langue kurde ; se définir comme kurde même, ce qui est impossible dans les termes de la constitution turque actuelle, qui confond citoyenneté et turcité. Au-delà du désir de reconnaissance identitaire, un projet politique se dessine. Les partis pro-kurdes parlent depuis plusieurs années d'« autonomie démocratique », concept qui semble suggérer une forme de décentralisation poussée ou de fédéralisme.

Les Kurdes de Turquie sont, dans leur plus grand nombre, légitimistes à l'égard des institutions turques. Ils votent majoritairement pour l'AKP et sont en désaccord avec la stratégie d'affrontement du PKK, qui a piégé tous ceux qui ne soutenaient pas la lutte armée. La rhétorique incendiaire de Tayyip Erdoğan, criminalisant désormais systématiquement les membres du HDP, le parti pro-kurde légal, ne peut qu'accentuer les clivages existants au sein de la communauté.

31

Qu'est-ce que le PKK ?

Le Parti des travailleurs du Kurdistan est une organisation de libération nationale kurde, d'inspiration marxiste-léniniste, créée en 1978, qui mène contre l'État turc une guérilla séparatiste intense depuis 1984. Il est classé sur la liste des organisations terroristes de l'Union européenne et des États-Unis.

Le PKK est une structure clandestine et opaque, pratiquant des purges régulières en son sein. Son influence sur la société kurde de Turquie s'organise à travers un réseau d'associations et ses liens avec les partis légaux pro-kurdes, bien qu'ambigus, semblent avérés. Le HDP[1] éprouve ainsi beaucoup de difficultés à se dissocier du PKK, car une partie de sa base militante et de ses cadres en est proche.

Le *leader* historique du parti, Abdullah Öcalan, est détenu depuis 1999 par les autorités turques sur l'île-prison d'İmralı. Il y négocie depuis 2013 les termes d'une paix hypothétique avec la Turquie tout en poursuivant son travail doctrinal : Öcalan est l'auteur de nombreuses

1. Voir la question 23, « Où se situe politiquement le parti pro-kurde du HDP ? », p. 70.

œuvres théorisant la révolution kurde dans tous ses aspects. Même emprisonné, il semble conserver intacte sa popularité, comme en témoigne le culte de la personnalité dont il reste l'objet parmi les militants. Sa détention a cependant permis la montée en puissance des responsables de la branche militaire de l'organisation, pour la plupart réfugiés au Kurdistan irakien, tel Murat Karayılan.

La branche militaire du PKK est constituée d'unités de combattants des deux sexes, qui subissent un entraînement sévère et respectent une discipline de fer. Les opérations qu'elle mène visent traditionnellement les représentants des forces de sécurité : police, gendarmerie, plus généralement l'armée depuis la reprise des affrontements en 2015. Les civils ne font en principe pas partie des cibles, même si la pression sociale, notamment pour le ravitaillement des combattants, est forte dans les zones de combat. L'élargissement du spectre terroriste a cependant été annoncé début 2016 par les Faucons du Kurdistan, une organisation proche du PKK et encore plus radicale, qui menace de frapper même les touristes ; les attentats se sont depuis lors multipliés dans les grandes villes.

Le PKK compte des clones dans des pays voisins : le PJAK (*Partiya Jiyana Azad a Kurdistanê*, Parti pour une vie libre au Kurdistan) iranien et le PYD (*Partiya Yekîtiya Demokrat*, Parti de l'union des Kurdes) syrien sont considérés comme ses déclinaisons locales. Il est aussi solidement implanté dans la diaspora kurde européenne, qui lui fournit une partie de ses revenus *via* un impôt révolutionnaire. Le soutien de tous les

Kurdes ne lui est pas acquis : le vote kurde de ces dix dernières années a bien démontré la prévalence d'une tendance légitimiste chez les Kurdes anatoliens, pariant sur l'intégration et acceptant la main tendue un temps par l'AKP.

32

Qu'est-ce que l'« esprit de Gezi » ?

En mai 2013, une association de riverains se mobilise à Istanbul contre un projet d'urbanisme poussé par la municipalité AKP. Un centre commercial et une mosquée doivent être construits à l'emplacement du parc de Gezi, un espace vert résiduel et peu entretenu situé derrière la place Taksim, au cœur de la ville européenne. Le projet sacrifie à la mode néo-ottomane : il s'agit de reconstituer les casernes où des militaires religieux avaient fomenté en 1909 une insurrection contre-révolutionnaire contestant les réformes des Jeunes-Turcs.

Dans un Istanbul grignoté par la spéculation immobilière et gagné par un consumérisme effréné, la perspective de perdre l'un des derniers espaces verts du vieux centre suscite la colère des voisins. Ils occupent le parc et sont peu à peu rejoints par des étudiants, des militants politiques de gauche, le tout-venant enfin qui campe sur les lieux pour empêcher le début des travaux.

La police évacue le jardin par la force à l'aube du 31 mai. Les manifestants ne se découragent pas. La foule grossit et scande des slogans contre le gouvernement, dénonçant l'opportunisme économique, l'autoritarisme et le conservatisme social de Tayyip Erdoğan. La contestation est relayée sur les réseaux sociaux et gagne l'ensemble du pays : des centaines de milliers de personnes organisent des *sit-in* et des manifestations dans 78 des 81 provinces turques.

Surpris par cette opposition de rue hétéroclite et inédite, le Premier ministre prend la mouche et choisit l'affrontement. Les forces de l'ordre interviennent avec violence. Conditionnés par les « printemps arabes », les observateurs comparent alors la place Taksim à la place Tahrir du Caire, lieu des grandes manifestations qui ont provoqué la chute de Hosni Moubarak en Égypte. On parle aussi d'un nouveau mai 1968, ou d'une version turque des « indignés ».

Tayyip Erdoğan reprend rapidement la situation en main. Maîtrisant les médias, il fustige les « voyous » et appelle au rétablissement de l'ordre. Le mouvement s'épuise avec l'été. Une chasse aux sorcières est lancée contre les meneurs et des centaines de personnes sont inquiétées. Les heurts ont fait au total sept morts et des milliers de blessés.

Le moment Gezi marque une rupture pour l'AKP. Une génération de nouveaux opposants est descendue dans la rue alors que ses parents y avaient renoncé depuis le coup d'État de 1980. On assiste à un sursaut de la gauche politique : la mobilisation donne naissance à la plateforme de partis et d'associations qui formera le HDP[1]. L'esprit de Gezi, libertaire et contestataire, irrigue encore aujourd'hui une partie de la société civile turque, en lutte contre un régime qui se ferme.

1. Voir la question 23, « Où se situe politiquement le parti prokurde du HDP ? », p. 70.

33

Les élections sont-elles libres et équitables en Turquie ?

La Turquie vit sous l'AKP au rythme des votations : le régime de Tayyip Erdoğan est électoraliste, sa légitimité étant garantie et scellée presque chaque année depuis 2002 par une élection ou un référendum.

Cet électoralisme est le moteur démocratique d'un pays où les droits fondamentaux – la liberté de pensée, d'expression, d'assemblée – régressent par ailleurs depuis plusieurs années. Or, l'invocation des élections comme élément de démocratie ne tient que si les scrutins sont libres, transparents et équitables.

La réputation électorale de la Turquie est à cet égard plutôt bonne. Une fois dépassé le débat sur le seuil légal de représentation des partis à l'Assemblée (10 % des voix, ce qui est très élevé et simplifie à outrance le spectre politique), la perception générale est que les scrutins en eux-mêmes ne donnent pas lieu à des fraudes massives. Cela n'exclut pas la persistance de pratiques clientélistes ou d'intimidation, voire de quelques manipulations des urnes à l'Est – dans les provinces kurdes où l'AKP avait su dans un premier temps se rallier efficacement les électeurs.

Les incidents sont plus nombreux lorsque les votes sont serrés, et leur surveillance devient alors un enjeu politique. Des missions d'observation de plusieurs institutions, comme l'Organisation pour la sécurité et la coopération en Europe (OSCE) ou l'Assemblée parlementaire du Conseil de l'Europe (APCE), s'invitent désormais régulièrement lors des élections en Turquie. Depuis la contestation de Gezi en 2013, la société civile turque s'organise aussi en ce sens. L'association *Oy ve Ötesi* (« Le vote et au-delà ») a envoyé des observateurs bénévoles et neutres dans les bureaux de vote pour les scrutins de 2015. Plusieurs organisations rendent aussi publics leurs propres calculs des voix. Les résultats officiels peuvent être contestés pour irrégularité devant le Haut Conseil des élections – cela a été le cas pour l'élection du maire d'Ankara en 2014.

D'autres paramètres jouent en amont du vote. Les campagnes électorales sont peu régulées en Turquie. Le parti au pouvoir s'arroge depuis quelques années la quasi-totalité du temps de parole médiatique et met à contribution les moyens publics pour organiser ses *meetings*. Tayyip Erdoğan a fait lui-même campagne pour les législatives de juin 2015, alors que la constitution interdit expressément au président de sortir de sa neutralité. Ces élections ont été « rejouées » au mois de novembre après l'échec de pourparlers de coalition avec l'opposition ; l'été a été assombri par des violences entre partisans de l'AKP et du HDP, sur fond de reprise de la lutte entre l'armée turque et le PKK. Des attentats terroristes ciblant la communauté pro-kurde ont instauré un climat de terreur, achevé de désorganiser l'opposition et accentué l'avantage de l'AKP. L'APCE a dénoncé une campagne « entachée par l'iniquité et, dans une mesure inquiétante, par la peur ».

34

L'armée turque est-elle encore puissante ?

Jusqu'à l'installation au pouvoir de l'AKP en 2002, l'armée jouissait en Turquie d'une réputation flatteuse : c'était un corps solide, indissociable du pouvoir depuis l'Empire ottoman, et un acteur économique important. Son statut social dépendait aussi de la crainte qu'elle inspirait. Souvent présentée comme le défenseur de la démocratie, elle avait fomenté pas moins de quatre coups d'État depuis 1960 au prétexte de remettre le pays en ordre. Depuis 1980, le Conseil de sécurité nationale (*Millî Güvenlik Kurulu*, MGK) permettait à l'état-major de contrôler les faits et gestes du gouvernement. Certains considéraient encore le régime turc comme une forme de dictature militaire dans les années 1990.

Necmettin Erbakan, le mentor de Tayyip Erdoğan, fut chassé du pouvoir par l'armée en 1997, et Erdoğan lui-même envoyé en prison dans la foulée. Depuis qu'il dirige la Turquie, celui-ci n'a donc eu de cesse de rogner les prérogatives des militaires. Ce choix, présenté comme une condition indispensable à l'établissement d'une vraie démocratie, lui a valu la sympathie des institutions européennes. La civilianisation du MGK et l'intervention du chef de l'État dans la nomination des hauts gradés ont acté la soumission théorique de l'armée au pouvoir politique. La légitimité de l'institution a par ailleurs été ébranlée par une série de procès pour de supposées tentatives de coups d'État (affaires Ergenekon et Balyöz). Ces procès, qui ont donné lieu à de durs débats, sont apparus dans un premier temps comme la revanche de la société civile. Le tabou de l'inviolabilité levé, la popularité de l'armée a subitement plongé dans l'opinion – le service militaire est de plus en plus contesté.

Le coup d'État manqué du mois de juillet 2016 a confirmé à la fois l'affaiblissement de l'institution militaire – qui a échoué dans une opération apparemment très mal préparée – et le rejet violent par la plus grande partie de la population de ses interférences dans le champ politique. Le fiasco de l'opération a ouvert la voie à de gigantesques purges – 40 % des généraux et des amiraux ont été limogés pour sympathies gülénistes. On s'interroge alors sur le malaise et les contestations multiformes au sein de cette institution dont les courants internes sont très mal connus.

Tayyip Erdoğan doit désormais reconstruire son armée pour lui permettre de jouer son rôle indispensable au Moyen-Orient. Deuxième structure de l'OTAN en hommes, interlocuteur historique privilégié de Washington, elle est depuis l'automne 2016 à la manœuvre en Syrie et en Irak – instrument apparemment docile des nouvelles ambitions de puissance régionale d'Erdoğan.

35

Pourquoi Erdoğan veut-il une nouvelle Constitution ?

Tayyip Erdoğan parle depuis une dizaine d'années de changer l'actuelle constitution turque, qui date de 1982. Ce réformisme radical annonce un changement de régime.

L'argumentaire de l'AKP en faveur d'une nouvelle constitution a évolué au cours du temps. Il reposait au départ sur l'idée que le texte n'est pas adapté à la Turquie contemporaine. La constitution présente a été rédigée sous la dictée de la junte militaire après le coup d'État de 1980. Centrée sur la défense de l'État, faiblement protectrice des libertés, elle est empreinte d'un esprit autoritaire, néokémaliste et nationaliste qui traduit le climat politique de l'époque. Elle a de plus été amendée à dix-sept reprises en trente-quatre ans, ce qui altère sa cohérence. Sa légitimité populaire est faible et il existe une réelle demande sociale pour une nouvelle constitution.

Tayyip Erdoğan affirme que la Turquie doit se débarrasser des influences extérieures et adopter une loi fondamentale plus en phase avec la culture proprement turque. Mais l'essentiel est ailleurs : élu président de la République en 2014, il ne se satisfait pas des compétences trop limitées que lui octroie la Constitution de 1982. Il veut officiellement présidentialiser le régime. Sa pratique des institutions va déjà en ce sens, mais une réforme constitutionnelle en bonne et due forme doit légaliser cet état de fait.

Changer de constitution n'est cependant simple, ni du point de vue politique, ni du point de vue pratique. Les processus constitutionnels correspondent à des moments de catharsis collective et interviennent généralement à la suite de crises majeures : création d'un État, révolution ou guerre. Dans le système turc actuel, toute réforme constitutionnelle doit être votée à la majorité des deux tiers à l'Assemblée ou validée par un référendum. L'AKP a tenté à plusieurs reprises de lancer le processus « à froid ». Une première tentative, appuyée par un vaste dispositif de consultation populaire informelle, a fait long feu en 2007. Plusieurs révisions constitutionnelles ont ensuite eu lieu, et deux comités de réforme trans-partisans ont été mis en place depuis 2011.

Le contexte post-coup d'État manqué de 2016 offre une opportunité d'avancer « à chaud ». Tayyip Erdoğan se pose en défenseur de la république et de la démocratie menacée, marginalise l'opposition parlementaire et bénéficie d'une large cote de popularité. En l'absence de réel débat, beaucoup d'observateurs anticipent que la nouvelle constitution offrira une couverture légale au verrouillage du pays. Le projet avancé fin 2016 propose en effet une absolue concentration des pouvoirs en supprimant le poste de Premier ministre, tout en permettant au président tout-puissant de rester maître du parti majoritaire.

36

Qu'entend-on par « néo-ottomanisme » ?

La république de Turquie est née sur les ruines de l'Empire ottoman et la révolution kémaliste a effectué un tri impitoyable dans cet héritage historique, tournant complètement le dos à son passé pendant plusieurs décennies. L'abandon de l'alphabet *osmanlı*, variante de l'alphabet arabe utilisée pour transcrire le turc jusqu'en 1928, symbolise et matérialise cette rupture assumée : il coupe l'accès à la mémoire pré-républicaine pour les nouvelles générations.

Dans sa recherche d'un consensus collectif alternatif au kémalisme, l'AKP se réapproprie au contraire la tradition ottomane et glorifie la mythologie impériale. On parle à ce propos de « néo-ottomanisme ». L'expression a d'abord été employée pour décrire la politique du brillant ministre des Affaires étrangères Ahmet Davutoğlu, qui tentait de rétablir l'influence turque dans l'ancien périmètre ottoman, des Balkans au Moyen-Orient. Ce néo-impérialisme pratiqué sur le mode du *soft power* glorifie une communauté ottomane idéale, tolérante envers les minorités, solidaire dans la diversité. En 2013, Davutoğlu rassemble, lors d'une réception à Londres, les descendants de la dynastie ottomane en exil ; à la même époque, l'*ottomania* bat son plein dans la société turque : le patrimoine architectural ottoman est un peu partout rénové, les dates majeures de l'empire, telle la prise de Constantinople, sont fêtées de façon grandiose, des séries télévisées dépeignent les fastes de la cour des premiers sultans, la cuisine ottomane est à la mode… Le gouvernement turc se propose même de réintroduire l'apprentissage de l'*osmanlı* au lycée.

Le travail de réparation de la mémoire collective en serait certes facilité – mais cette mémoire est parfois bien superficielle. Les failles de l'empire, qui ont entraîné sa chute, sont rarement discutées par les néo-ottomanistes de l'AKP. La réappropriation de l'héritage se combine en outre difficilement avec l'« approfondissement démocratique » prôné par l'AKP, le sultanat et le califat étant parfois évoqués comme des alternatives politiques au régime actuel. La valorisation obsessionnelle de la figure du sultan et la confusion progressivement entretenue avec la personne du président de la République sont effectivement troublantes : après les résultats de la présidentielle, Tayyip Erdoğan est allé prier à la mosquée d'Eyüp comme le faisaient les sultans tout juste intronisés.

Ces fantasmes sont attisés par la dislocation du Moyen-Orient depuis 2011. Le révisionnisme historique conteste désormais les frontières de la Turquie moderne. Et si celle-ci peine de plus en plus à s'imposer dans la région, elle a beau jeu d'y souligner la précarité d'un ordre post-ottoman bricolé et fragile.

37

L'échec du *putsch* du 15 juillet 2016 signifie-t-il le « triomphe » de la démocratie ?

Dans la nuit du 15 au 16 juillet 2016, une tentative de coup d'État militaire visant à renverser le président Erdoğan a échoué de justesse en Turquie. Même si le flou des événements et quelques interprétations complotistes sèment le doute sur les contours exacts de l'opération, le fait du *putsch* semble bien acquis.

Pour l'AKP, l'échec du coup est une preuve de vitalité démocratique. La nuit des événements, le président turc a appelé ses partisans à descendre dans la rue pour s'opposer aux militaires rebelles. Les affrontements ont fait environ trois cents morts, les citoyens sacrifiés étant proclamés par la suite « martyrs de la démocratie ». Une bonne partie du peuple turc – qui s'est mobilisé au-delà des seuls électeurs de l'AKP – a ainsi exprimé son rejet viscéral d'une reprise en main par l'armée.

Dans les jours qui ont suivi, de grandes manifestations de solidarité ont été suscitées par les autorités, Erdoğan encourageant ses *supporters* à continuer d'occuper la rue pour marquer physiquement leur victoire. Le 7 août, un immense *meeting* a rassemblé plus d'un million de personnes sur l'esplanade de Yenikapı à Istanbul. Les *leaders* de deux des partis d'opposition, Kemal Kılıçdaroğlu pour le CHP kémaliste et Devlet Bahçeli pour le MHP nationaliste, se sont joints à cette manifestation de masse, scellant l'union nationale sous le slogan de la défense de la démocratie. L'AKP a ainsi saisi l'opportunité du traumatisme pour augmenter son crédit politique.

Pourtant, l'après-*putsch* apparaît comme une période noire du point de vue des libertés publiques en Turquie. La réaction des autorités a été rapide et extrêmement lourde. Le prédicateur Fethullah Gülen, exilé aux États-Unis, a été désigné comme l'instigateur du coup. Un état d'urgence particulièrement sévère a été instauré et les mesures radicales s'enchaînent : plus de 130 000 fonctionnaires supposément liés à Gülen, magistrats, militaires, policiers, enseignants, sont limogés ou suspendus ; la lutte antiterroriste reprend sans freins, désignant comme une même menace les gülénistes, les combattants du PKK, les militants d'extrême gauche et les simples libéraux, ou les affidés de Daech. Des dizaines des milliers de personnes sont emprisonnées et ce qui restait de la presse d'opposition est laminé. Le rétablissement de la peine de mort est évoqué.

L'ampleur inédite de la répression inquiète l'Union européenne, qui en appelle au respect des valeurs démocratiques. Mais Tayyip Erdoğan met en avant son infaillible légitimité électorale, qui constitue pour lui le principal, voire l'unique, critère de la démocratie.

CULTURE ET SOCIÉTÉ

38

La Turquie est-elle menacée par un séisme majeur ?

La Turquie se situe au point de jonction de quatre plaques tectoniques, dont les mouvements entretiennent une sismicité chronique. Tout le nord du pays est traversé par la faille nord-anatolienne, longue de 1 200 km, à la limite des plaques eurasiatique et anatolienne. C'est l'un des décrochements les plus sismiques au monde, comparable à la célèbre faille de San Andreas en Californie.

L'Anatolie a connu plusieurs grands tremblements de terre depuis le XVIIIe siècle, et la sismicité y a nettement augmenté au XXe avec la rupture de l'enracinement de la faille en question dans le Caucase. Les cassures se sont progressivement déplacées vers l'ouest jusqu'à la mer Égée : une série de tremblements de terre ont ainsi successivement frappé le pays d'est en ouest depuis 60 ans. Sept séismes ont dépassé le degré 7 sur l'échelle de Richter depuis 1939, année de la catastrophe d'Erzincan, à l'est du pays, dont les destructions directes avaient causé plus de 10 000 morts (30 000 au total du fait de la désorganisation des secours et de conditions climatiques exécrables). Le dernier tremblement de terre de grande ampleur, d'une magnitude de 7,5, avait fait 17 000 morts et 300 000 sans-abri en 1999 à Izmit et Istanbul.

Le risque naturel est donc majeur : les deux tiers du territoire turc, 70 % de la population, les trois quarts des capacités de production du pays sont concrètement sous la menace constante d'une catastrophe. Les spécialistes estiment que le séisme d'Izmit, qui avait pour épicentre la mer de Marmara, pourrait être annonciateur de secousses majeures à proximité d'Istanbul au cours des prochaines décennies. Tout le monde s'interroge sur les conséquences possibles pour la capitale économique, ville de plus de 15 millions d'habitants, modelée par une urbanisation anarchique, et dont la qualité du bâti est très inégale. Les nouvelles infrastructures, les centres d'affaires bâtis en hauteur, le réseau de métro y sont vulnérables. De même, le site d'Akkuyu, près de Mersin, retenu pour la construction d'une centrale nucléaire, se trouve à 25 km d'une faille active.

L'impréparation de l'État face à ces risques est un sujet d'inquiétude. Le séisme qui a touché la ville de Van en 2011, causant la mort de 604 personnes, a récemment démontré l'impuissance et la désorganisation des autorités. Tayyip Erdoğan avait alors promis la mise aux normes de dix millions de constructions sur dix ans. Si le gouvernement assure que les normes antisismiques sont désormais scrupuleusement respectées, les experts en doutent.

L'impact social de telles catastrophes est dévastateur et peut aussi rebattre les cartes politiques. Le séisme d'Izmit, suivi d'une catastrophe jumelle à Athènes, avait ainsi marqué le début du rapprochement diplomatique gréco-turc sur fond d'entraide humanitaire.

39

Quels sites archéologiques importants se trouvent en Turquie ?

Le patrimoine archéologique turc est exceptionnel car il concentre dix millénaires d'une histoire exempte de grandes destructions. Progressivement ordonné par la république pour répondre à des représentations collectives nationales, voire nationalistes, il subit aussi aujourd'hui la pression grandissante du développement économique.

Le territoire turc contient le précipité de toute une série de civilisations intermédiaires entre l'Asie et l'Europe. Préhistoire, civilisations mésopotamiennes, royaumes hittites, culture grecque, hellénistique, puis romaine, arménienne ont laissé leurs traces avant l'islam ottoman. Seize sites anatoliens sont classés au patrimoine de l'Unesco. Deux des sept merveilles du monde antique se trouvaient en Turquie : le temple d'Artémis à Éphèse et le mausolée d'Halicarnasse en Carie (Bodrum actuel).

Les sites de Çatal Höyük (voisin de Konya) et de Göbekli Tepe (Urfa), qui a révélé le premier pictogramme humain, témoignent d'une intense activité dès le néolithique. La Cappadoce abrite des merveilles chrétiennes et byzantines primitives ; Hattousa, capitale hittite, le Nemrut Dağ, vestige du royaume de Commagène, les sites égéens de Pergame, Troie, Éphèse sont de hauts lieux touristiques. Les chantiers les plus prometteurs concernent les sites lyciens (Kaunos), et la civilisation mal connue de Göbekli Tepe, qui surprend par sa sophistication.

L'appropriation par les Turcs contemporains du passé pré-ottoman passe par le contrôle de ces sites. Découvertes, fouilles, mise en valeur se font depuis longtemps en partenariat avec des équipes étrangères, mais l'encadrement juridique de ces activités a été renforcé au début des années 2000 et l'État turc a sensiblement augmenté son investissement propre, tout en affirmant sa présence à l'Unesco. Un quart des fouilles se font encore sous direction étrangère et subissent les aléas du climat politique : le gouvernement turc a mis fin en 2016 à la présence des archéologues viennois qui fouillaient à Éphèse depuis 1895, pour sanctionner le « racisme radical » du gouvernement autrichien. L'emprise des autorités sur la mémoire archéologique passe aussi par l'intensification des fouilles en marge de grands chantiers publics, qui permettent le réaménagement d'espaces entiers après expropriation : presque tous les sites concernés se trouvent actuellement dans les régions kurdes.

Les programmes de recherche impliquent aussi de plus en plus d'acteurs privés, à la recherche d'un bénéfice en termes d'image. Si les sites turcs ont jusqu'à présent été bien conservés du fait de la faible contrainte urbaine, l'accélération économique de ces dernières années joue désormais en sens inverse. L'évolution de la situation sécuritaire fait en outre peser de nouveaux risques sur tous les sites voisins des frontières syrienne et irakienne, où le trafic d'antiquités risque de se généraliser.

40

Pourquoi Sainte-Sophie est-elle un symbole important ?

La basilique Sainte-Sophie (*Ayasofya* en turc, du grec *Άγία Σοφία*, « sagesse divine »), dans le quartier historique de Sultanahmet sur la rive européenne d'Istanbul, est un site touristique incontournable. Symbole du passé chrétien de Constantinople, transformée en mosquée par les Ottomans, elle est désormais au cœur d'une bataille identitaire.

C'est sous Justinien que le projet architectural grandiose prend forme au VIe siècle, pour représenter le pouvoir de l'empereur et le triomphe de la chrétienté. Le plan de Sainte-Sophie aurait été transmis à l'empereur par un ange. Sa construction rapide, en quelques années, a mobilisé plusieurs milliers d'ouvriers, asséché les revenus de l'empire et imposé de lourds sacrifices.

Chef-d'œuvre de l'art architectural byzantin primitif, le bâtiment est massif et fastueux, destiné à impressionner. Sainte-Sophie est restée la plus grand église du monde jusqu'à la construction de la cathédrale de Séville. Sa coupole, de 31 mètres de diamètre, maintes fois écroulée et reconstruite, est unique ; la plus lourde de ses colonnes pèse 70 tonnes. Des matériaux grandioses, notamment des piliers du temple d'Artémis à Éphèse, ont été recyclés dans l'édifice. À l'époque de Justinien, la décoration intérieure de Sainte-Sophie combinait marbre, porphyre, profusion d'or, d'argent, de perles et de pierreries, d'ivoire et de bois précieux ; de somptueuses mosaïques décorent encore les parois. La tenue des offices mobilisait des centaines de personnes et les empereurs byzantins y étaient couronnés en grande pompe.

Sainte-Sophie a été transformée en mosquée après la prise de Constantinople. L'architecture intérieure fut préservée mais les ornements ôtés, les murs recouverts à la chaux et décorés de calligraphies géantes d'extraits du Coran. Les premiers sultans lui ont adjoint des minarets et recyclé certaines annexes en dépôts. La fascination que produit l'édifice restait cependant intacte : Sinan, le grand architecte de Soliman, a pris modèle sur Sainte-Sophie pour construire plusieurs de ses mosquées.

La basilique est devenue musée sous Atatürk. Même « laïcisée », Sainte-Sophie conserve un statut instable, car elle est à la fois un témoignage exceptionnel de l'antique présence chrétienne à Istanbul et un symbole de la conquête ottomane. Le renouveau ottomaniste ravive les controverses. L'AKP souhaite son retour au culte musulman ; un imam y a dit des versets du Coran à l'inauguration d'une exposition en 2015 et la prière d'avant-jeûne y a été récitée pendant le ramadan 2016. La cérémonie, relayée en direct par la télévision de la Direction des affaires religieuses, avait lieu chaque jour avant l'ouverture aux touristes. Les gouvernements grec et américain ont exprimé leur préoccupation, appelant à la préservation du caractère particulier du lieu et de la « complexité de son histoire ».

41

Quelle est l'importance de la langue turque ?

La langue est un paramètre identitaire central pour les Turcs : le renouveau de la langue turque était au cœur de la révolution culturelle atatürkiste, et les panturquistes, qui prônent le rassemblement des tribus cousines dispersées depuis la Mongolie jusqu'à l'Anatolie, s'appuient notamment sur le critère linguistique pour définir les frontières de leur communauté fantasmée.

Le turc théoriquement parlé par 75 millions de locuteurs en Turquie (l'interdiction forcée de l'usage des langues kurdes a porté ses fruits) ne se confond pourtant pas complètement avec la vingtaine de dialectes turciques que l'on rencontre sur un large périmètre entre l'Asie et l'Europe. Plus de 50 millions de personnes parlent ainsi un langage proche dans les républiques ex-soviétiques d'Asie centrale, le reste d'entre eux se trouvant en Chine, Afghanistan, Iran, Azerbaïdjan, dans quelques pays du Moyen-Orient et des Balkans. Si les ressemblances, notamment syntaxiques, sont fortes, la variété des vocabulaires fait parfois douter les spécialistes : ces langues dérivent-elles bien d'une racine commune, ou se sont-elles influencées par contact réciproque dans l'aire sibérienne originelle ?

Pour les linguistes, les langues turques, mongoles et toungouses forment en principe une seule famille, celle des langues altaïques. Le coréen et le japonais leur sont apparentés, et elles présentent aussi des traits communs avec les langues finno-ougriennes, qui comprennent le hongrois, le finnois ou l'estonien. Les langues turques ont deux spécificités : elles sont dites « agglutinantes » – la dérivation des mots se fait par adjonction de suffixes – et elles pratiquent l'« harmonie vocalique » : les voyelles sont divisées en deux groupes et on ne peut trouver dans un même mot des voyelles que d'un seul groupe.

Le retour de la fierté linguistique fait aujourd'hui pleinement partie du projet politique de l'AKP. La diffusion du turc dans le monde est donc devenue un objectif cohérent, poursuivi avec des moyens soutenus. L'agence d'aide extérieure TIKA (*Türk İşbirliği ve Koordinasyon Ajansı*, Agence de coopération et de coordination) mène à bien un projet « Turcologie » depuis 1999, et les instituts culturels Yunus-Emre, créés en 2007, ont pour mission officielle l'enseignement de la langue et la promotion des arts et de la culture turque à l'étranger. Il en existe à l'heure actuelle quarante-deux dans trente-quatre pays, mais l'objectif officiel est de cent centres actifs d'ici à 2023. Le réseau des écoles de Fethullah Gülen a aussi pleinement participé à cet effort de *soft power* national linguistique entre 2003 et 2014, avant la brouille avec l'AKP qui les a marginalisées dans le dispositif de la diplomatie informelle turque.

42

Qu'est-ce que la cuisine turque ?

La cuisine est un grand objet de fierté nationale populaire en Turquie, et toute discussion comparative avec les gastronomies d'autres pays y prend facilement un tour polémique. Tout comme est heureux celui qui se dit turc (« *Ne mutlu Türküm diyene* », extrait du serment d'allégeance à la république récité chaque matin par les écoliers jusqu'en 2013), ne serait bien nourri que celui qui mange turc.

Ce nationalisme gastronomique est, comme toutes les autres formes de nationalisme en Turquie, paradoxal. La cuisine de la Turquie actuelle est en effet d'abord le résultat d'un mélange au long cours : les quelques spécialités initialement apportées d'Asie centrale se sont enrichies au cours des siècles des multiples éléments venus des territoires conquis, et les influences font toute la richesse du résultat.

Au départ étaient sans doute le yoghourt et la pâte feuilletée, qui sert de base à la confection du *börek* ou du *baklava*, ainsi que les *mantı* (sortes de pâtes fourrées à la viande). Les gastronomies chinoise et perse ont très tôt fécondé le fond turcique ; la consommation de thé en témoigne. Mais la vie nomade ne favorisait pas la sophistication gastronomique, et c'est bien la stabilisation administrative de l'empire sous Soliman qui a permis l'éclosion de l'art culinaire. Les apports anatoliens anciens, grecs, arméniens, puis du Moyen-Orient – libanais, syriens, égyptiens, balkaniques et hongrois – ont été très importants. Les échanges ont été si profonds et réguliers que le travail d'unification le plus abouti dans les territoires de l'empire concerne peut-être les habitudes alimentaires : le régime « méditerranéen » est largement un régime ottoman. Lorsque la diplomatie turque s'efforce de faire reconnaître l'originalité de la cuisine anatolienne, elle labellise ainsi « turcs » des produits devenus banals dans tout le voisinage : le « café à la turque », inscrit comme tel au patrimoine culturel immatériel de l'Unesco, est consommé un peu partout dans les Balkans.

La Turquie anatolienne compte cependant différents terroirs gastronomiques, porteurs de spécialités dépendant des traditions locales et de la variété des conditions climatiques. La cuisine de la mer Noire utilise ainsi beaucoup de poissons, notamment les fameux anchois (*hamsi*). La cuisine du Sud-Est, particulièrement dans le voisinage de la Syrie (Urfa, Gaziantep), intègre des spécialités syriennes. Les *mantı* sont aujourd'hui une spécialité centre-anatolienne – mais venue du Caucase.

La cuisine de ménage reste plus prisée en Turquie que celle du restaurant, même si les mœurs évoluent là aussi. En Europe, les petits établissements de la diaspora turque ont aidé à faire connaître des spécialités comme les légumes farcis (*dolma*) et les viandes grillées, *kebap* – avec une mention spéciale pour le *döner*, ce sandwich reconstituant rempli de viande cuite sur une broche verticale.

43

Quel symbolisme s'attache à la place Taksim à Istanbul ?

> « Moi qui vis à Istanbul depuis soixante ans, je ne connais pas dans cette ville une seule personne qui n'ait au moins un souvenir lié d'une façon ou d'une autre à la place Taksim. »
>
> Orhan Pamuk.

La place Taksim est située dans le quartier européen de Beyoğlu à Istanbul. Elle occupe un espace recouvert sous l'Empire ottoman par des cimetières, dont le grand cimetière arménien de Pangaltı. Le nom *taksim* (« partage ») rappelle qu'elle était au XVIIe siècle le point de rencontre des canalisations d'eau venant du nord de la ville. Une vaste et moderne caserne militaire y avait été construite au début du XIXe ; le bâtiment a été sévèrement endommagé à la suite d'une insurrection anti-Jeunes-Turcs en 1909, et le projet de le reconstruire est à l'origine de la contestation de Gezi.

La configuration actuelle de la place date des années 1930. Elle est l'un des principaux éléments du plan directeur d'Istanbul imaginé par l'architecte français Henri

Prost et s'inscrit au cœur d'un quartier chic, dans une symbolique républicaine forte. Le Gezi Parkı remplace alors les casernes ; la place est reliée à *İstiklâl Caddesi* (avenue de l'indépendance), *Cumhuriyet Caddesi* (avenue de la République) et *İnönü Caddesi* (avenue İnönü, compagnon d'Atatürk) ; le *Cumhuriyet Anıtı* (monument à la république) s'élève en son centre ; le *Atatürk Kültür Merkezi* (Centre culturel Atatürk) est construit en 1969 à l'est de la place. Après-guerre, Taksim devient le vaste espace de transit que l'on connaît aujourd'hui – nœud du trafic automobile, elle comprend aussi une importante station de métro. Le quartier est touristique et abrite quantité d'hôtels, de restaurants et de boutiques.

Taksim est un lieu de contestation traditionnel de la gauche depuis la fin des années 1960. Elle a été à plusieurs reprises le théâtre d'événements tragiques : le 16 février 1969, cent cinquante militants sont blessés dans des heurts avec l'extrême droite (« dimanche sanglant ») ; le 1er mai 1977, trente-quatre manifestants de gauche sont tués et des centaines d'entre eux blessés à la suite d'une fusillade généralement attribuée à l'État profond. Les rassemblements ont ensuite été interdits jusqu'en 2010, mais chaque année des manifestants affrontaient la police pour investir la place.

L'ampleur de la contestation de Gezi, dont Taksim a été le principal théâtre en 2013, a profondément marqué les autorités, imposant depuis une surveillance policière permanente. Les manifestations militantes sont de nouveau interdites et le pouvoir tente de neutraliser l'espace par des rénovations progressives. La bataille d'influence se poursuit en sous-main : après le coup d'État manqué de juillet 2016, les partisans de l'AKP ont occupé la place nuit et jour, puis le CHP y a rallié cent mille personnes sous le slogan « Ni *diktat*, ni dictature : la démocratie ». Le lieu n'est de toute façon plus à la mesure d'Erdoğan : c'est sur la place rénovée de Yenikapı, 270 000 mètres carrés situés dans le district conservateur de Fatih, qu'il a organisé le *meeting* géant qui a rassemblé plus d'un million de participants le 7 août 2016.

44

Pourquoi les Turcs détestent-ils le film *Midnight Express* ?

Midnight Express, film culte d'Alan Parker sorti en 1978, a contribué à installer dans l'imaginaire occidental une image très négative de la Turquie. Tiré d'un roman inspiré par un fait divers, le scénario d'Oliver Stone raconte un cauchemar carcéral dont ni le protagoniste, ni le spectateur ne sortent indemnes.

L'histoire de William « Billy » Hayes, narco-touriste américain enfermé pendant quatre ans dans la prison de Sağmalcılar à Istanbul pour avoir transporté deux kilos de haschich, est authentique. L'expression *midnight express* désigne ses tentatives d'évasion, qui entraînent en représailles de sordides punitions.

Le film décrit une descente aux enfers. La violence y est omniprésente : maltraitance, torture, viol, meurtre s'y enchaînent de façon à peine soutenable. Les autorités et les notables turcs y sont outrageusement chargés, les avocats et les magistrats présentés comme corrompus et les gardiens de prison sadiques. Entièrement filmé à Malte, la Turquie ayant refusé d'accueillir le tournage, le récit est parsemé d'approximations : port du fez (disparu depuis Atatürk), acteurs s'exprimant dans un turc à peine compréhensible…

Pourtant la vie dans les prisons turques au début des années 1970 n'était probablement pas si éloignée, entre délabrement, saleté, entassement des détenus et exactions. D'autres œuvres turques de l'époque, tel *Duvar* (*Le Mur*, 1983) de Yılmaz Güney, abordent le sujet de façon plus exacte mais pas plus légère. Ce tableau sombre, issu du travail d'un scénariste américain et d'un cinéaste britannique, correspond à un contexte historique particulier : la Turquie est à l'époque un pays chaotique et travaillé par une extrême violence. L'image qu'impose *Midnight Express* « collera » encore parfaitement avec la période de dictature militaire très dure qui s'ouvre en 1980. Ce n'est pas un documentaire, mais une dénonciation allégorique des régimes corrompus.

Primé deux fois aux Oscars (meilleure musique originale, avec la mythique bande originale de Giorgio Moroder ; meilleur scénario), *Midnight Express* a connu un grand succès public en Occident. En Turquie, le film a été taxé de racisme ; les autorités ont émis des protestations officielles et interdit sa diffusion jusqu'en 1993. Bill Hayes a plus tard affirmé ne pas s'y reconnaître et Oliver Stone a présenté des excuses publiques à Istanbul en 2004 pour avoir « surdramatisé » le scénario.

Ce débat confirme l'extrême sensibilité des Turcs à leur image et leur crainte permanente d'être incompris. Toute représentation romancée de la réalité sociale pose ainsi problème – plus récemment le film *Mustang*, de Deniz Gamze Ergüven, qui dépeint la vie quotidienne de toutes jeunes filles dans un milieu rural imaginé, a ainsi été durement critiqué en Turquie pour son absence de réalisme.

45

Pourquoi la Turquie a-t-elle produit massivement des films érotiques entre 1970 et 1980 ?

Le cinéma turc a vécu une période spéciale dans les années 1970 : les studios de Yeşilçam à Istanbul se sont tournés pour un temps massivement vers la production de films érotiques, ouvrant la parenthèse désormais oubliée de la *seks furyası* (« fureur du sexe »).

Yeşilçam – du nom de la rue à Istanbul où se concentraient tous les studios – produisait depuis les années 1950 des centaines de comédies légères et de films d'action, tournés par quelques réalisateurs pour un large public. Les *remakes alla turca* de films américains abondaient à l'époque, les acteurs enchaînant les rôles et les clichés dans la bonne humeur, avec de tout petits budgets et beaucoup de bricolage. L'arrivée de la télévision publique TRT commence à miner cette industrie au début des années 1970.

Petit à petit, les réalisateurs intègrent alors dans leur répertoire des comédies érotiques à l'italienne, pour attirer en salle un public essentiellement constitué d'hommes jeunes. Le succès est grand et les cinémas spécialisés se multiplient, offrant des tickets à la journée qui permettent d'enchaîner les séances. Le phénomène prend si bien qu'il en vient à dépasser le cinéma traditionnel : 131 des 193 films produits par Yeşilçam en 1979 étaient érotiques. Les *jön*, *play-boys* typiques, y multiplient les affaires improbables avec des *pin-up* rapidement starisées – Dilber Ay, Zerrin Doğan, Zerrin Egeliler ou Arzu Okay sont les plus célèbres. Le rythme fou des studios et le succès de ces productions attirent des réalisateurs et des comédiens venus du cinéma classique, et l'on est surpris aujourd'hui de retrouver au générique des noms de la scène culturelle turque conventionnelle.

Séduction, tromperies, mais aussi enlèvements, viols, meurtres se télescopent dans des histoires qui révèlent aussi la banalité de la violence envers les femmes dans une société très machiste. Les scénarios sont toujours des comédies, où sont insérées de multiples scènes érotiques – les acteurs ne tournent en principe pas de *hardcore*, les scènes de sexe véritables étant reconstituées à partir de fragments de films pornographiques occidentaux. De même, les affiches des films sont caviardées pour cacher sexes et tétons. Du chemin a cependant été parcouru entre *Muz Sever Misin ?* (*Aimes-tu la banane ?*, 1975), et *Öyle Bir Kadın Ki* (*Quelle femme*, 1979), le premier *hardcore* autorisé.

Le coup d'État militaire de 1980 sonne la fin de la récréation et le retour à des normes puritaines, que l'AKP s'applique aujourd'hui à renforcer. Le patrimoine oublié du *Yeşilçam porno* est interdit de diffusion, mais continue d'intéresser des amateurs éclairés qui s'échangent des vidéos sur YouTube, témoignant d'un temps où les distractions en Turquie étaient sensiblement les mêmes qu'en Europe de l'Ouest.

46

Pourquoi les séries télévisées turques s'exportent-elles si bien ?

La Turquie est devenue en 2015 le deuxième plus grand exportateur de séries télévisées dans le monde après les États-Unis ; ses feuilletons ont été vus par près de 400 millions de personnes dans 75 pays.

Ce « raz-de-marée » des *soap operas*, qui marque depuis une quinzaine d'années le renouveau de l'industrie audiovisuelle turque, a beaucoup fait pour la popularité du pays. Il a débuté en 2005 avec le succès phénoménal de la série *Gümüş*, rebaptisée *Nour* en arabe, qui met en scène les amours à rebondissements d'un couple dont le protagoniste masculin est joué par le « Brad Pitt de l'Orient », le bel et blond Kıvanç Tatlıtuğ.

Histoires d'amour contrariées et fresques historiques se partagent les scénarios, qui expliquent en grande partie le succès de ces séries hors de Turquie. Leurs principaux marchés sont en effet les Balkans (Grèce, Bulgarie, Macédoine, Bosnie), l'Asie centrale (Turkménistan, Azerbaïdjan, Ouzbékistan), l'Afrique du Nord et le Moyen-Orient. Tous ces pays sont tombés sous le charme de l'ottomanisme, qui trouve un écho dans leur propre histoire. *Muhteşem Yüzyıl* (*Le Siècle magnifique*), un des plus gros succès de la production turque, qui met en scène la vie de Soliman le Magnifique, a été exporté dans quarante pays ; *Binbir Gece* (*Les 1 001 Nuits*) marche dans ses pas. D'autres séries exaltent un modèle de société contemporaine alliant conservatisme et modernité. Contrôlées par l'équivalent turc de notre CSA, les séries respectent globalement les valeurs religieuses musulmanes, évitant le blasphème ou les « conduites impropres » comme la consommation d'alcool. Le patriarcat règne dans les foyers, les héroïnes amoureuses n'ont pas de sexualité explicite et sont la femme d'un seul homme. Souvent non voilées, parfois blondes, elles incarnent un idéal de féminité légèrement progressiste mais rarement transgressif.

Certaines histoires gagnent cependant leur public au-delà des pays musulmans en jouant avec les limites : *Aşk-ı Memnu*, (*L'Amour interdit*), qui narre la passion entre Behlul et la femme de son oncle Bihter, a causé bien des polémiques en Turquie et au Moyen-Orient, mais rencontré un formidable succès au Brésil. Les effets collatéraux du visionnage des séries sont parfois remarquables : progression de l'apprentissage du turc en Grèce, augmentation des mariages mixtes avec des Turcs et expansion du tourisme vers la Turquie…

Coûts de production faibles, prix de vente raisonnable pour un format long (90 minutes par épisode, des saisons de 30 épisodes), excellente qualité technique (image, sons, décors) sont les autres ingrédients de la réussite. Les séries TV turques répondent parfaitement aux nouveaux modes de consommation liés à l'expansion des plateformes de vidéos à la demande. Netflix a d'ailleurs acheté en 2014 le *thriller Son* (*La Fin*), tourné à Istanbul, pour le proposer sur sa plateforme aux États-Unis et en Europe.

47

Comment l'écrivain Orhan Pamuk est-il considéré dans son pays ?

Orhan Pamuk, écrivain stambouliote et prix Nobel de littérature, ne parle que de la Turquie dans ses romans. Il est devenu un intellectuel engagé presque malgré lui.

Pamuk est né dans les quartiers européens d'Istanbul et y a passé l'essentiel de sa vie. Son premier roman, *Cevdet Bey et ses fils* (1982), est une saga classique qui campe l'histoire d'une famille de la bourgeoisie musulmane depuis la fin de l'Empire ottoman jusqu'aux années 1970, illustrant en creux l'évolution sociopolitique du pays. L'écrivain publie depuis lors tous les deux ans d'épais ouvrages, enchaînant les *best-sellers* avec *Le Livre noir*, thriller contemporain très lu en Turquie, *Mon nom est rouge*, autre thriller historique ottomaniste, ou *Neige*, qui se déroule dans le Sud-Est kurde et arménien.

Le Musée de l'innocence, son dernier grand succès, lui a inspiré un petit musée à Istanbul. La ville, qu'il déclare « palimpseste de la civilisation », est le décor et le sujet de la plupart de ses romans, qui évoquent le brassage social et la quête identitaire, entre onirisme et réalisme. Lorsque le comité Nobel le distingue en 2006, c'est au motif qu'il a

« trouvé de nouvelles images spirituelles pour le combat et l'entrelacement des cultures ».

À l'époque ses ouvrages se vendent déjà à plusieurs millions d'exemplaires et sont traduits dans plus de cinquante langues. Le romancier est propulsé dans les médias internationaux, où ses propos trouvent un nouvel écho : marqué par la complexité et les accidents de l'histoire turque, Pamuk porte une forme de discours politique – même s'il s'en défend. Méfiant à l'égard des institutions, il avait refusé le titre d'« artiste d'État » en 1998.

Généralement perçu comme un défenseur nostalgique de la Turquie laïque et européanisée – son propre milieu –, il s'inquiète de la montée de l'islam en Turquie et a été le premier écrivain du monde musulman à défendre Salman Rushdie. Il a évoqué explicitement le génocide arménien dans un journal suisse en 2005, ce qui lui a valu menaces de mort et mise en examen pour insulte à l'identité turque. Les poursuites ont été abandonnées à la suite d'une mobilisation internationale mais l'écrivain a dû s'exiler provisoirement aux États-Unis.

Depuis Gezi, ses commentaires à l'égard du pouvoir sont de plus en plus critiques. Il dénonce inlassablement la censure des journalistes et les violations des droits de l'homme, les calculs de Tayyip Erdoğan à l'égard des Kurdes, ses positions sur les femmes. Ayant témoigné dans de nombreux procès d'intellectuels en Turquie, il reproche à l'Union européenne son manque de fermeté face au régime et dénonce depuis juillet 2016 un climat de peur généralisée. Ce profil de contestataire occidentalisé vaut à Orhan Pamuk la détestation des conservateurs musulmans et des nationalistes ; son succès international attise aussi les jalousies.

48

Que représente le voile des femmes en Turquie ?

Le voile des femmes est de plus en plus visible en Turquie. Signe apparent d'un retour du conservatisme, il symbolise en même temps l'accession massive à l'espace social de classes jusqu'à présent soigneusement tenues à l'écart des lieux de décision.

Le bannissement des tenues islamiques pour les femmes est un rêve des sécularistes dans le monde musulman. Deux hommes politiques avaient poursuivi cet objectif dans leur pays avec un relatif succès : Kemal Atatürk et le Tunisien Habib Bourguiba, lui-même inspiré par le laïcisme combattant du premier. Rendre aux femmes le droit de porter le voile partout où elles sont actives, et encourager celles qui ne sont pas voilées à se couvrir : c'est aujourd'hui le souhait des islamistes turcs.

Le voyageur qui ne s'aventure pas au-delà des quartiers les plus touristiques de l'Istanbul européen côtoyait jusqu'à ces dix dernières années une réalité assez occidentalisée, peu de femmes sortant couvertes. Pourtant, si aucun chiffre officiel n'est disponible, les sondages révèlent qu'entre 45 et 65 % des femmes portent le foulard islamique en Turquie. La question de la « liberté vestimentaire » est devenue essentielle avec l'AKP et le combat en sa faveur a été mené en trois lieux majeurs : les institutions de l'État ; l'université ; la rue.

La crispation est immédiate au sommet de l'État dès l'accession de l'AKP au pouvoir : en octobre 2003, le président de la République Ahmet Necdet Sezer engage le bras de fer en refusant d'inviter les épouses voilées des parlementaires et ministres AKP à la réception de la fête nationale. Le parti imposera ensuite pied à pied le port du voile dans la fonction publique ; celui-ci est admis à partir de 2010 au Parlement, dans les palais de justice, les hôpitaux, la police…

En 2008, une modification de la Constitution est introduite pour lever l'interdiction du foulard islamique à l'université. Elle est bloquée par la Cour constitutionnelle, qui ouvre une action en justice contre l'AKP pour atteinte à la laïcité ; le parti échappe de peu à la fermeture. Le voile est finalement autorisé à l'université par une circulaire du Conseil de l'enseignement supérieur en 2010. Certains recteurs ont résisté, mais les derniers bastions tombent : l'université d'Istanbul a dû l'autoriser en 2015. Le voile est également présent dans les lycées, porté aussi bien par les enseignantes que par les élèves.

Longtemps cantonnée à l'espace rural ou à l'intimité des foyers, la tenue islamique se banalise désormais dans les quartiers aisés des grandes villes. Elle s'intègre parfaitement dans le modèle de société « traditionnel-moderniste » prôné par l'AKP. Les ventes de vêtements islamiques représentent aujourd'hui en Turquie 22 milliards d'euros par an ; la première *fashion week* « pudique », rassemblant des stylistes venus des quatre coins du monde musulman, s'est tenue à Istanbul au printemps 2016.

49

À quelle vitesse la population turque augmente-t-elle ?

La Turquie compte aujourd'hui un peu moins de 80 millions d'habitants, et sa dynamique démographique est importante : dans le classement des 36 pays de l'Europe élargie publié par l'institut Eurostat, elle occupait en 2014 la première place pour la croissance naturelle (+ 900 000 âmes), juste devant la France (+ 238 000).

Cet écart peut impressionner. Néanmoins, le pays a bel et bien fait sa transition démographique dans les années 1970 : le taux de fécondité, qui était de plus de 6 enfants par femme en 1960, est passé à 2,14 en 2015, et l'accroissement naturel observé s'explique par la prédominance encore importante des jeunes dans la population totale (16,4 % de 15-24 ans en 2015). En réalité la Turquie vieillit : les plus de 65 ans devraient passer de 8 % en 2014 à 10,2 % d'ici 2023, et cette proportion augmenter fortement dans les vingt années suivantes. Le taux annuel de croissance démographique passerait ainsi d'une moyenne de + 1,4 % sur la période 1990-2012 à + 0,9 % pour 2012-2030.

Le ralentissement démographique est inégalement réparti : si le taux de fécondité des femmes a sérieusement baissé à l'Ouest et dans les zones urbanisées, l'est majoritairement kurde conserve une fécondité élevée. À l'heure actuelle la ville de Hakkari, en pleine « zone rouge » kurde, est celle qui compte le plus de jeunes en Turquie, tandis que Muğla, toute proche de la côte égéenne, en compte le moins. Le taux de fécondité de la région de Marmara (qui comprend notamment les provinces d'Istanbul, Edirne, Bursa, Eskişehir) est inférieur au taux de fécondité moyen de l'Union européenne.

La jeunesse de la population turque est un atout économique évident, et le président Erdoğan considère aussi le dynamisme démographique comme un élément politiquement vital. Il s'inquiète de la baisse de la fécondité car l'accroissement de la population est un paramètre de la puissance. Il prêche ainsi régulièrement en faveur des familles nombreuses, appelle ses concitoyens à rejeter la contraception (qui serait contraire à l'islam), encourage les femmes à avoir plus de trois enfants et à se consacrer à leur « carrière » de mères.

Du fait de l'inertie des tendances, la population de la Turquie pourrait dépasser la population déclinante de l'Allemagne d'ici à 2020. Si la procédure d'adhésion allait à son terme, la Turquie deviendrait ainsi le pays le plus peuplé de l'Union européenne, et serait à elle seule responsable de près des deux tiers de la croissance démographique de l'ensemble européen.

50

Où en est la condition des femmes en Turquie ?

La société turque est calée sur un fonctionnement patriarcal bien ancré, à peine bousculé depuis la fin de l'Empire ottoman. On sait que les femmes turques ont obtenu le droit de vote en 1934, plus d'une décennie avant les Françaises, étape symbolique cautionnant le supposé féminisme d'Atatürk – oubliant au passage que le pays vivait à l'époque en régime de parti unique. Le *leader* avait d'emblée interdit un éphémère Parti progressiste des femmes et renvoyé ses militantes à l'exercice des bonnes œuvres. Ce n'est qu'après le coup d'État de 1980 qu'un premier féminisme laïque, de gauche, a pu émerger, ouvrant le débat sur la sexualité, le mariage ou la reproduction, sujets d'ordinaire strictement réservés à la sphère privée.

L'égalité entre hommes et femmes est aujourd'hui inscrite dans l'article 10 de la Constitution turque et l'État est chargé d'y veiller. D'importantes avancées se sont produites au cours de la décennie 2000, le nouveau code civil instaurant notamment l'égalité dans le cadre matrimonial ; les discriminations de genre au travail sont prohibées depuis 2003. Mais l'égalité n'est pas dans les faits. La Turquie occupe la 130e place sur 144 pays dans l'édition

2016 du « Rapport mondial sur la parité » établi par le Forum économique mondial. 43 % des femmes âgées de 16 à 29 ans ne sont pas scolarisées et ne travaillent pas ; la proportion des femmes dans la main-d'œuvre globale est de 33 % (chiffre le plus faible de l'OCDE) ; les violences contre les femmes et les mariages précoces constituent un problème social majeur, 26 % des filles étant mariées avant l'âge légal de 18 ans.

Le retour de l'ordre moral religieux s'accompagne aujourd'hui d'un discours néotraditionaliste qui conteste les laborieux acquis féministes passés, renvoyant les femmes à la mission maternelle, assortie du rôle de gardienne des valeurs. Elles sont incitées à porter le voile et à se comporter « décemment » en public. Le retour d'un machisme extrêmement agressif dans l'espace public a été mis en lumière par plusieurs effroyables affaires de viol suivies de meurtres, et par de fréquents scandales de harcèlement dans les transports.

La révolution des mœurs n'est pas pour demain. L'AKP diffuse un « féminisme islamique » de remplacement à travers une multitude d'organisations qui relaient sa vision du monde. Le président Erdoğan lui-même a clairement affirmé « ne pas croire à l'égalité des femmes et des hommes », comparé l'avortement à un « meurtre » et exprimé son souhait de le rendre illégal. Mais la palme de la régression revient sans doute à l'actuel maire d'Ankara, Melih Gökçek, commentant la légitimité de pratiquer une IVG en cas de viol : « Pourquoi un enfant dont la mère s'est fait violer doit mourir ? C'est sa mère qui doit mourir. »

51

Où en sont les droits des LGBT en Turquie ?

La société turque, structurée par une forte tradition familiale et patriarcale, ne favorise pas spontanément l'épanouissement de la culture LGBT. Les interstices de la modernité ont néanmoins créé les conditions d'un début de *coming out* ces dernières années, malgré un retour de la morale religieuse.

L'homosexualité n'est plus un crime en Turquie depuis que les Tanzimat ont autorisé, en 1868, les relations homosexuelles entre adultes consentants. Si certains historiens s'interrogent aujourd'hui sur les préférences d'Atatürk, les droits des homosexuels ne figuraient pas parmi les priorités de la république kémaliste et la minorité est restée largement invisible jusqu'aux années 1970. La Turquie vit alors un moment de libération sociale relative. La culture homosexuelle s'y installe dans les milieux urbains sans faire de bruit ; quelques artistes de variété adulés par le grand public bousculent les codes du genre, tel le travesti Zeki Müren et la chanteuse transgenre Bülent Ersoy. La prostitution trans s'installe à Istanbul mais reste à la merci des descentes de police, et de politiques de valorisation urbaine qui « nettoient » régulièrement les quartiers chauds. Une chape de plomb s'installe après le coup d'État militaire de 1980 : l'embryon de mouvement pro-LGBT est décimé avec le reste de la gauche alternative.

L'ouverture arrive dans les années 2000 : le rapprochement avec l'Union européenne permet un moment de détente sociale propice à l'affirmation des identités marginalisées, y compris LGBT. La tolérance est cependant relative. En 2007, 14 % des Turcs considéraient l'homosexualité comme « acceptable » – le chiffre retombe à 9 % dès 2013, sans différence significative par génération. La loi turque ne protège pas la communauté et le droit est mis au service d'une discrimination rampante, pénalisant les gays et transgenres notamment en matière d'emploi, et minimisant les crimes qui les visent. Le règlement de l'armée définit notoirement l'homosexualité comme une « maladie psychologique », déclare les gays inaptes au service et leur imposait jusqu'en 2015 de fournir la preuve matérielle de leur homosexualité. Le changement de sexe, autorisé depuis 1988, est resté soumis jusqu'en 2015 à une obligation de stérilisation.

La morale de l'AKP est ouvertement hostile à l'homosexualité ; le CHP se « décoince » progressivement, mais seul le HDP a fait preuve d'un réel militantisme pro-LGBT. La vie est dans l'ensemble plus facile pour les gays dans les grandes villes et les régions moins conservatrices de l'Ouest – à Istanbul ou Izmir. La Gay Pride, organisée tous les ans à Istanbul depuis 2003 – la première dans un pays majoritairement musulman –, a été interdite en 2015 et en 2016, tandis que quelques faits divers sordides, tel le meurtre de la militante Hande Kader, dont le corps a été retrouvé calciné dans un quartier résidentiel d'Istanbul en août 2016, ont révélé une extrême violence sociale latente à l'encontre des transgenres.

52

Qu'est-ce qu'un « Turc blanc » ?

On parle de « Turcs blancs » pour désigner la bourgeoisie urbaine aisée, occidentalisée et sécularise, classe élitaire qui est le produit historique du kémalisme et se concentre géographiquement à l'ouest du pays – Istanbul ou Izmir sont ses repaires.

L'expression a été forgée au début des années 1990 par le journaliste Ufuk Güldemir, qui tentait de décrire cette communauté sociale en la comparant aux WASP (les White Anglo-Saxon Protestants) de la côte est américaine. Il s'agissait alors de comprendre les résistances d'une partie de l'élite turque au style de gouvernement de Turgut Özal, Premier ministre d'origine kurde, flirtant avec l'islamisme, qui ne répondait pas aux canons de la classe supérieure turque classique. L'expression, rapidement passée dans le langage courant, est aujourd'hui fréquemment utilisée pour décrire le malaise de la grande bourgeoisie libérale laïque face à la montée en puissance de la petite classe moyenne islamique.

Le négatif photographique du « Turc blanc », soit le « Turc noir », a en effet récemment acquis droit de cité dans le paysage social. La Turquie noire est dans l'esprit des Turcs blancs le pays rural, où les populations sont moins instruites, plus religieuses, et appartiennent à des catégories professionnelles plus modestes : agriculteurs, petits commerçants et artisans. Le paysan anatolien, méprisé pour son arriération, est l'incarnation caricaturale du « Turc noir » ; il est particulièrement honni lorsqu'il s'aventure à Istanbul et envisage de s'y installer.

Cet affrontement sémantique cristallise un moment historique particulier : celui du basculement social qui se produit au moment de l'arrivée de l'AKP aux affaires. « Dans ce pays, il y a une ségrégation entre les Turcs noirs et les Turcs blancs. Votre frère Tayyip appartient aux Turcs noirs. » Cette phrase prononcée par Erdoğan en 2013 dans un discours au Parlement consacre une vision clivée de la société où l'AKP arbitre la lutte des classes. Le parti joue sur l'idée d'une marginalisation du petit peuple de l'Est anatolien par les institutions kémalistes, et lui propose sa revanche.

Certains sociologues auraient repéré au cours des deux dernières décennies l'émergence d'une nouvelle catégorie : les « Turcs gris », ou « hybrides » sont les rejetons des nouvelles classes moyennes et supérieures venues de la campagne pour s'installer en ville. Une génération pieuse mais urbaine, fortement diplômée (notamment d'universités occidentales), appréciant les produits culturels occidentaux, favorable à la démocratie et au pluralisme politique, et qui pourrait à l'avenir imposer la paix des contraires en Turquie.

53

Que représente le football en Turquie ?

Très populaire en Turquie, le football y est comme partout ailleurs un lieu de défoulement collectif et une affaire économique florissante. L'affrontement qui s'y joue entre des forces sociales concurrentes à l'intérieur du pays laisse la place, lors des compétitions internationales, à un nationalisme débridé.

Le football a été implanté dans l'Empire ottoman au début du XXe siècle par des sportifs amateurs issus des minorités, les Turcs n'étant pas autorisés à jouer à l'époque. Le sport s'est développé à partir des années 1950 et la Turquie est entrée dans l'UEFA en 1962. Les performances de l'équipe nationale n'ont jamais été extraordinaires. Elle s'est hissée en demi-finale de l'Euro en 2008 sous l'égide de son entraîneur historique, l'« empereur » (*imparator*) Fatih Terim. Sa défaite précoce au premier tour de l'Euro 2016 a déçu tout un pays, entre combativité prise en défaut et sentiment d'impossible intégration dans l'Europe.

Plusieurs clubs turcs tiennent tout de même leur rang dans les compétitions européennes. Les plus connus sont stambouliotes : Galatasaray, Beşiktaş et Fenerbahçe, dont l'affrontement sportif se prolonge sur le terrain social et politique. Les *Beşiktaşlılar*, *supporters* des « aigles noirs » de Beşiktaş, sont vus comme des progressistes – antiracistes, ils ont soutenu Orhan Pamuk après ses déclarations sur le génocide arménien ; le Fenerbahçe, équipe asiatique, est associé aux vieilles valeurs kémalistes, tandis que Galatasaray, dont les dirigeants sont pour la plupart issus du lycée éponyme, est le club de la bourgeoisie cosmopolite et cultive son complexe de supériorité – c'est le plus titré dans le championnat national (la Süper Lig) et le seul à avoir remporté un titre international (la coupe, puis la supercoupe de l'UEFA en 2000). Les événements de Gezi ont permis un moment de communion unique entre ces trois clubs, qui se sont associés sous le slogan « *Istanbul united* » pour demander la démission de Tayyip Erdoğan – ils ont été ralliés par le Trabzonspor.

Les *supporters* turcs sont, d'après le *Guinness des records*, les plus bruyants du monde : 131 décibels enregistrés pour le public de Galatasaray. Le *derby* est marqué par de fréquentes explosions de violences qui ont déjà provoqué la mort de *supporters* ; certains matchs sont joués à huis clos pour éviter les débordements. Le climat politique nationaliste contamine aussi le football. Une minute de silence en mémoire des victimes des attentats de Paris a été huée fin 2015 lors d'un match amical contre la Grèce.

L'économie du football turc a suivi la croissance de ces dix dernières années. La richesse des clubs a explosé – avec la corruption afférente. Ils recrutent désormais à haut niveau sur le *mercato*. Quelques internationaux turcs ont aussi tracé leur route, tel l'attaquant Hakan Şükür, récemment accusé de gülénisme après avoir été député de l'AKP ; il s'est réfugié en Californie. Mesut Özil, le milieu offensif d'Arsenal, est turco-allemand.

54

Où en est le système éducatif turc ?

La Turquie est un pays jeune et le système éducatif y est un enjeu majeur. L'AKP affiche une ambition générale de hausse du nombre et d'amélioration du niveau des élèves et des étudiants – mais le façonnage des consciences n'est jamais loin.

Profondément repris en main par Atatürk, outil indispensable pour faire naître un homme nouveau, le système d'enseignement est depuis toujours le champ d'affrontements latents entre des conceptions opposées de la société turque. Accès au savoir, contenu des programmes – notamment la place qu'y tient la religion –, éducation des filles et mixité scolaire sont des sujets de débat constants entre le camp sécularisteoccidentaliste et les forces conservatrices qui dominent aujourd'hui le paysage. L'État turc détient l'essentiel des prérogatives en matière d'éducation et les réformes se succèdent au gré des cycles politiques. Tayyip Erdoğan a pour sa part clairement affiché son désir de former des « générations pieuses ».

Partant d'un constat d'insuffisance des taux de scolarisation et de réussite, l'AKP a pris l'éducation au sérieux : l'augmentation tendancielle du budget de l'éducation (il aurait atteint les 5,01 % du PIB en 2015) s'est accompagnée d'une grande réforme de l'enseignement primaire et secondaire en 2012. Le nouveau système allonge la durée de la scolarité jusqu'à dix-huit ans, mais permet de nouveau aux jeunes de s'orienter vers un cursus spécialisé, y compris religieux, au moment du collège. La voie royale vers les *imam hatip*, établissements islamiques honnis par la vieille garde sécularistes, qui se multiplient aujourd'hui, est ainsi rouverte ; une réforme de la sélection leur permettra aussi de drainer les élèves moins brillants. Les parents sont en outre autorisés à faire classe à la maison après les quatre années de primaire, ce qui soulève des inquiétudes quant à la scolarisation en milieu rural – notamment pour les jeunes filles.

Ces réformes favorisent en principe les milieux les plus pauvres. L'AKP a aussi généralisé la distribution de livres gratuits et offert la cantine aux écoliers nécessiteux. Mais le système éducatif souffre dans l'ensemble d'un manque de financement, difficilement conciliable avec l'objectif de massification. L'enseignement privé s'est ainsi rapidement développé à tous les niveaux pour pallier les carences du public – d'où l'expansion du réseau éducatif güléniste jusqu'en 2013. Si le nombre d'universités a quasiment triplé depuis 2002, plus du tiers d'entre elles sont désormais privées et de niveau inégal – deux universités privées, Koç et Sabancı, figurent cependant dans le palmarès des dix meilleures « universités à taille humaine » du *Times Higher Education*. La reprise en main se précise après la tentative de coup d'État de 2016 : pour compléter les purges massives, Tayyip Erdoğan s'est désormais arrogé le droit de nommer les recteurs d'universités, auparavant élus.

55

Quelle est la situation des médias en Turquie ?

La Turquie occupait en 2016 une peu enviable 151e place sur 180 dans le classement de Reporters sans frontières pour la liberté de la presse. La situation s'est rapidement dégradée en quelques années et une centaine de journalistes y seraient actuellement en prison, leur nombre ayant quadruplé pendant la seule année 2016.

La censure des médias est une vieille habitude dont la Turquie a du mal à se défaire. Elle s'exerçait déjà régulièrement à la fin de l'Empire ottoman contre la presse libérale et réformiste. La république kémaliste n'était pas plus ouverte au libre commentaire et les coups d'État successifs ont maintenu les médias turcs dans un état de sujétion attentiste jusqu'aux années 2000. La censure idéologique se conjuguait alors au faible niveau d'éducation des journalistes pour formater une presse de médiocre qualité, de style *tabloïd*, sensationnaliste et soumise aux *diktats* du pouvoir, informant peu.

L'ère de l'AKP a failli renverser la tendance. Elle s'est ouverte avec le foisonnement de nouveaux organes écrits et audiovisuels. Mais en grand communicant, Tayyip Erdoğan a rapidement voulu dominer l'arène, à la fois par la création de médias conservateurs qui lui soient favorables, et par le contrôle des autres, *via* le rachat ou la fragilisation des journaux d'opposition – une énorme amende pour fraude fiscale a par exemple été opportunément infligée au groupe Doğan, propriétaire du grand quotidien *Hürriyet*.

Les groupes Turkuvaz (quotidien *Sabah*, ATV), Albayrak (*Yeni Şafak*), Doğuş (CNBC-e, NTV) sont aujourd'hui les fleurons de l'empire médiatique de l'AKP. 80 % des médias turcs relaient désormais directement et sans nuances le discours gouvernemental, quand ils ne le devancent pas. La sensibilité du chef de l'État à la critique est connue ; le reste du paysage se contente donc souvent d'une neutralité qui éteint progressivement le débat.

Plus grave, les arrestations de journalistes, fermetures forcées de journaux et de chaînes de télévision se sont succédé en 2015 et 2016. Les médias gülénistes (Zaman, Samanyolu TV, Bugün TV, Yumurcak TV), pro-kurdes (Özgür Gündem), puis les autres opposants ont fait les frais de la politique antiterroriste de l'AKP : après le procès de ses rédacteurs en chef pour atteinte à la sécurité nationale, ce sont toutes les grandes figures du journal kémaliste historique *Cumhuriyet* qui ont été placées en détention préventive à l'automne 2016.

Cette stratégie de contrôle de l'information porte ses fruits : les lumières s'éteignent en Turquie, à mesure que la situation politique y devient plus confuse. Les journalistes étrangers eux-mêmes ont de plus en plus de mal à travailler, les non-renouvellements de cartes de presse et les expulsions se multipliant. Le manque de données brutes et d'analyses éclairées handicape désormais toute mise en perspective de la réalité turque.

56

Peut-on parler de censure en Turquie ?

La censure est présente en Turquie depuis toujours et les périodes de liberté varient en fonction des tensions politiques : ainsi le *putsch* de 1980 avait-il ouvert une période noire pour la pensée et les arts. Sous l'AKP, la liberté d'expression a vite trouvé ses limites pour tout ce qui touche à la religion, aux bonnes mœurs, ou à la personne de Tayyip Erdoğan.

Il n'existe pas de comité de censure effectif en Turquie, mais un arsenal juridique étendu permet à l'État de sanctionner des « déviances » variées : nombre d'artistes et d'intellectuels ont surtout eu affaire depuis dix ans aux articles 216 (atteintes à la religion), 226 (pornographie et publications indécentes) et 301 (atteintes à la turcité) du Code pénal. L'application des lois antiterroristes permet par ailleurs une censure politique large. La société turque elle-même se fait plus puritaine et la délation devient monnaie courante.

Les médias sont les premiers concernés. Les militaires transmettaient directement aux journalistes la liste des sujets à ne pas traiter dans les années 1980 ; c'est désormais l'autocensure qui règne. La Turquie est l'un des pays qui compte le plus de journalistes emprisonnés, et le contrôle social radical peut aller jusqu'à l'assassinat : les meurtres de journalistes étaient monnaie courante dans les années 1970 ; l'exécution de l'intellectuel arménien Hrant Dink, en 2007, a profondément affecté les libéraux, et l'ancien rédacteur en chef du journal *Cumhuriyet*, Can Dündar, s'est fait tirer dessus au printemps 2016 à la sortie du tribunal où il était jugé pour terrorisme. Les universitaires sont aussi cibles de pressions. La chercheuse Pınar Selek, dont les travaux sur les minorités (notamment les Kurdes) incommodent l'État, a été condamnée à perpétuité pour terrorisme par un tribunal d'Istanbul, à l'issue d'un procès manifestement biaisé. Elle vit aujourd'hui à Strasbourg.

Les arts sont également sous contrainte. Plusieurs classiques de la littérature mondiale, tels Guillaume Apollinaire, William Burroughs, Chuck Palahniuk, ont été censurés en Turquie. De nombreux écrivains turcs font eux-mêmes les frais de la susceptibilité nationale ou religieuse : Orhan Pamuk a été cité en justice en raison de ses déclarations sur le génocide arménien ; Elif Şafak poursuivie pour insulte à la nation en vertu du même article 301, pour son *best-seller La Bâtarde d'Istanbul*, qui évoque une famille arménienne ; Nedim Gürsel, jugé pour « incitation à la haine raciale, de classe sociale, religieuse, confessionnelle ou régionale », pour avoir fait figurer Mahomet en personnage de son roman *Les Filles d'Allah*.

Les nouvelles technologies de communication ont ouvert des espaces de liberté, mais elles ont aussi permis une administration plus massive de la censure. L'État turc surveille de très près l'Internet et les réseaux sociaux, interdisant l'usage de mots-clés ou bloquant tout simplement l'accès à YouTube, Twitter ou Facebook dans les périodes de crise. Tayyip Erdoğan a lui-même cité en justice plusieurs centaines d'individus pour insulte à sa personne, à la suite de simples *posts* sur les réseaux sociaux.

RELIGION

57

Quelle est la place de l'islam dans la société turque ?

L'islam est présent en Anatolie depuis le XIe siècle et les conquêtes ottomanes sont allées de pair avec son expansion. Le repli sur l'Anatolie au tournant du XXe siècle s'est accompagné d'un processus d'épuration progressive, qui a rendu la Turquie presque homogène du point de vue religieux : elle est aujourd'hui musulmane à 99,5 %. Mais si la majorité y est sunnite, de rite hanéfite, le pays compte cependant entre 10 et 20 % de chiites, essentiellement alévis[1] – et dont la particularité n'est pas reconnue.

La place de l'islam dans le système politique et social turc est souvent mal comprise. La société turque est loin d'être sécularisée : un sondage précisait en 2012 que 81 % des Turcs se définissaient comme « pratiquants », 69 % indiquant que leur croyance religieuse influençait leur vie. Sur cette toile de fond, le « laïcisme » d'Atatürk ne signifie pas séparation, mais plutôt contrôle de la religion par l'État. La *Diyanet İşleri Başkanlığı*, présidence des Affaires religieuses, est directement rattachée au cabi-

1. Voir la question 59, « Qu'est-ce que la "question alévie" ? », p. 156.

net du Premier ministre ; elle finance la construction et l'entretien des mosquées, rémunère les imams et rédige les prêches pour l'ensemble du pays. Le kémalisme a même fusionné l'élément ethnique et le sunnisme dans la définition de l'identité nationale turque, si bien que la religion n'a jamais cessé d'être un facteur de mobilisation : dans un pays socialement imprégné par la religion, l'inclusion des partis islamistes dans le champ politique a abouti au règne sans partage de l'AKP depuis 2002.

L'une des problématiques brûlantes qui occupe les analystes est le retour du religieux dans la culture politique et sociale turque sous l'AKP. Tout en acceptant la laïcité comme paramètre institutionnel, le parti a en effet restauré la visibilité de la religion et encourage la morale islamique. Cet effort passe notamment par l'éducation : Tayyip Erdoğan dit vouloir élever des générations pieuses. L'autorisation du port du voile à l'université a été considérée comme une forte avancée et le nombre des écoles confessionnelles, les *imam hatip*, a pratiquement doublé depuis 2010. Plus généralement, la *Diyanet* a vu son budget décupler en quinze ans, jusqu'à atteindre 1,75 milliard d'euros en 2016, soit le double de celui du ministère de la Santé ou le triple de celui des Affaires étrangères.

Le chef de l'État met désormais en scène sa propre pratique religieuse et émaille ses discours de références au Coran. Lors de la tentative de coup d'État de juillet 2016, il a fait relayer par les muezzins son appel à la résistance citoyenne. Pendant l'été, des prières publiques ont été organisées sur les places, scènes inédites dans certains quartiers profondément occidentalisés d'Istanbul.

58

Quel rôle jouent les confréries dans l'islam turc ?

L'islam turc présente des particularités venues de ses origines mixtes ; la socialisation confrérique en fait partie, et ces sous-groupes religieux ont toujours été fortement impliqués dans la vie politique.

Les confréries (*tarikatlar*) sont un héritage de l'organisation sociale et des pratiques religieuses des premiers Turcs. Lorsque les tribus originaires d'Asie centrale se frottèrent à l'islam en Anatolie au XIe siècle, elles étaient encore imprégnées de croyances et de rites traditionnels – animisme et chamanisme. Les conversions permirent des syncrétismes ; l'influence soufie et les confréries communautaires perdurèrent sous l'Empire ottoman. Face à l'islam classique, des sociétés soufies comme la *Mevleviye* (derviches tourneurs), ou la *Bektaşiye* (qui fédérait les janissaires) offraient un espace personnalisé de pratique de la religion.

À la veille de la Première Guerre mondiale, Istanbul comptait plusieurs centaines de couvents ou *tekkeler* abritant des confréries. C'était des lieux de rencontre et de débat ; leur puissance économique et leur capacité de mobilisation étaient si fortes que certains modernistes prônaient déjà leur fermeture. Atatürk a effectivement dissous en 1925 ces structures dont il craignait l'influence, privant alors la société turque d'un lien essentiel avec l'islam des origines et ses réinterprétations populaires. Les confréries, durement persécutées, entrèrent en clandestinité. Certaines survécurent et se réorganisèrent : la *Nakşbendiyye*, qui défendait des valeurs religieuses orthodoxes, en sortit même renforcée.

Les *tarikatlar* ont retrouvé leur ascendant sur la société turque dans la seconde moitié du XXe siècle. L'État les a reconnues officieusement à partir de 1950 et elles ont contribué, dans un contexte semi-démocratique, à structurer les partis politiques islamistes. Les Premiers ministres Süleyman Demirel et Turgut Özal se sont alliés avec la communauté *Nurcu* et la *Nakşbendiyye*, les mettant en relation avec le milieu des affaires. Necmettin Erbakan, Premier ministre issu du parti islamiste Refah, les fréquentait officiellement avant d'être démis par un coup d'État en 1997, qui freina pour un temps l'expansion de l'influence confrérique.

La Turquie pratiquante d'aujourd'hui reste charpentée par une myriade de groupes de ce type. Toutes sortes de microconfréries se maintiennent à l'Est (*Kalenderîlik*, *Kızılbaşlık*...) ; des congrégations plus larges ont développé de nouveaux réseaux efficaces, préférant désormais l'appellation de *cemaat* (« communauté ») à celle de *tarikat*. Les *Süleymancılar* sont très présents en Turquie et en Allemagne. Mais la *cemaat* la plus puissante serait celle des zélateurs de Fethullah Gülen. Issus du mouvement *Nurcu*, ils seraient parvenus à infiltrer l'État massivement et au plus haut niveau. L'accusation émane du président Tayyip Erdoğan, qui a lui-même forgé sa conscience religieuse et sociale sous l'influence de la *Nakşbendiyye*.

59

Qu'est-ce que la « question alévie » ?

L'idéologie kémaliste a fondé l'unité turque sur la reconnaissance d'une seule pratique de l'islam, le sunnisme hanéfite, en ignorant délibérément la diversité confessionnelle persistante en Turquie. Les alévis, branche hétérodoxe issue de l'islam chiite et de la tradition soufie, qui forment la plus importante minorité musulmane du pays, ne bénéficient donc d'aucune reconnaissance officielle.

Le caractère ésotérique des croyances des alévis et les persécutions dont ils ont été victimes ont rendu la communauté discrète. Les adeptes ne s'affichent pas, il n'existe pas de statistiques, mais on considère généralement qu'ils représentent entre 10 et 20 % de la population. Leur berceau se situerait en Asie centrale. « Alévi » dérive de « Ali », gendre et cousin de Mahomet, quatrième calife et initiateur du chiisme, mais nous avons ici affaire à un syncrétisme enrichi d'éléments chamaniques, typique des premiers siècles de l'islam turc. Plusieurs personnages pieux, dont le grand mystique Hacı Bektaş Veli, au XIIIe siècle, ont enrichi une tradition occulte aujourd'hui présente depuis le Caucase (en Azerbaïdjan) jusqu'aux Balkans (le bektachisme, fortement présent en Albanie), en passant par le Proche-Orient (les alaouites et les nusayrites syriens sont des cousins).

Les alévis ne fréquentent pas les mosquées mais ont leurs propres lieux de culte, les *cemevi* ; ils ne font pas le ramadan et boivent de l'alcool ; leur religion s'apparente davantage à une philosophie, une voie de progrès spirituel qui passe par l'amour de Dieu et de l'être humain. Leur spécificité en Turquie est aussi sociale et politique. Ils incarnent au départ une forme rurale et populaire de religiosité, organisée de façon clanique, mais leur mode de vie est réputé libéral et tolérant, la mixité homme-femme y étant notamment mieux admise. Ils sont en majorité républicains et laïcs – tels le *leader* actuel du CHP, Kemal Kılıçdaroğlu, mais ont grossi les rangs des militants de l'ultra-gauche dans les années 1960, entrant alors en compagnonnage avec la cause kurde ; ils ont été pris pour cible par l'extrême droite dans les années 1970. Ils ont aussi massivement soutenu le mouvement de Gezi en 2013.

Les alévis sont discriminés sur le plan religieux : l'État turc finance le culte sunnite mais ne construit pas de *cemevi*, encourageant plutôt la fusion avec les mosquées pour hâter l'assimilation. L'enseignement religieux qui se généralise à l'école exclut aussi les croyances alévies.

Depuis une dizaine d'années, on observe un début de structuration identitaire alévie en diaspora. En Turquie même, le réformisme de l'AKP n'a pas débloqué les choses, car la question alévie pose le même défi quantitatif que la question kurde : les alévis seraient trop nombreux pour ne pas mettre en danger le dogme sunnite dominant, et donc l'unité nationale.

60

Qui est Fethullah Gülen ?

L'imam Fethullah Gülen est devenu en quelques années l'ennemi numéro un de Tayyip Erdoğan, qui le présente comme un comploteur machiavélique cherchant à abattre la démocratie turque. Avant de se livrer une lutte à mort, les deux hommes ont pourtant été alliés.

Gülen est un prédicateur né dans l'Est anatolien, qui a suivi l'enseignement de Saïd Nursi, inspirateur de la confrérie *Nurcu* ; il est considéré comme proche du soufisme et a fondé son propre mouvement musulman réformiste. Se prétendant moderniste, il prêche une forme de fondamentalisme teinté de nationalisme turc.

Ce quasi-gourou est à la tête d'une organisation mystérieuse qui dissuade soigneusement toute investigation ; elle est souvent décrite comme une forme de franc-maçonnerie religieuse ou un Opus Dei islamique. Cette nébuleuse d'ONG baptisée *Hizmet* (« service ») œuvre dans toutes les parties du corps social et a particulièrement investi le champ de l'enseignement, bâtissant un réseau international de plusieurs centaines d'écoles fondées sur une pédagogie progressiste, et permettant à des enfants pauvres d'accéder à l'éducation par un système de bourses. L'Afrique est leur plus importante terre de mission et on compte même deux établissements gülénistes en France. Le *Hizmet* fédère aussi une myriade de petits entrepreneurs, partis notamment à la conquête des marchés africains, et contrôlait un empire médiatique que Tayyip Erdoğan s'est employé à détruire méthodiquement.

Fethullah Gülen a quitté la Turquie en 1999 à la suite d'une enquête ouverte par l'armée pour « activités anti-laïques » et s'est exilé en Pennsylvanie d'où il gère le mouvement. La première décennie de l'AKP au pouvoir a facilité son redéploiement en Turquie : le parti a massivement fait appel à des cadres gülénistes pour remplacer les fonctionnaires kémalistes dans des secteurs clés comme la police et la justice. Cette stratégie d'entrisme a aussi touché l'armée, où des postes d'officiers ont été libérés à la suite de grands procès – menés sur la base de preuves en partie fabriquées.

Le discret imam fait la une de l'actualité depuis que sa rivalité avec Tayyip Erdoğan est apparue au grand jour. Des magistrats proches du *Hizmet* ont donné le signal des hostilités en décembre 2013 en révélant plusieurs affaires de corruption impliquant des ministres de l'AKP, et jusqu'au propre fils d'Erdoğan. Le président a déclenché en représailles une véritable chasse aux sorcières, déplaçant et incarcérant massivement les gülénistes présents dans tous les rouages de l'administration turque.

Gülen est depuis lors présenté comme une nouvelle incarnation de l'État profond, au service du parti de l'étranger. Accusé d'être le cerveau du *putsch* raté de juillet 2016, le *leader* spirituel est sous la menace d'une extradition vers la Turquie, tandis que le « nettoyage » de l'État se poursuit à grande échelle.

61

Pourquoi reste-t-il si peu de chrétiens en Turquie ?

On évalue le nombre de chrétiens vivant en Turquie de 100 000 à quelques centaines de milliers – estimation difficile, dans un contexte qui oscille entre laïcité militante et exaltation de l'islam national identitaire. Ce faible chiffre contraste avec l'importance du passé chrétien en Anatolie ; il est le résultat d'un long processus historique de conversion et d'épuration.

Les chrétiens turcs sont aujourd'hui majoritairement rattachés aux Églises arménienne apostolique (deux tiers des ouailles), grecque orthodoxe et syriaque. On compte aussi de toutes petites communautés latines (dont quelques centaines de Levantins) et protestantes (avec quelques missionnaires évangéliques) ; des réfugiés syriens de rite syriaque et chaldéen s'y sont récemment joints. Il s'agit donc essentiellement de « chrétiens d'Orient » issus de l'Église primitive, l'Anatolie ayant été très tôt terre de prêche et d'installation. L'Église d'Antioche, fondée par les apôtres Pierre et Paul, est celle où les adeptes du Christ ont été pour la première fois appelés chrétiens. Au IVe siècle, la conversion de l'empereur Constantin a promu Constantinople comme centre de l'Église. Tous les premiers grands conciles œcuméniques se sont tenus en Anatolie. Mais les querelles religieuses ont aussi affaibli le pouvoir byzantin et facilité la pénétration ottomane.

Les Ottomans n'ont pas imposé de conversions massives, mais instauré une nouvelle hiérarchie sociale : les minorités religieuses avaient le statut de *dhimmis*, qui les discriminait tout en garantissant la protection de l'État. La conversion donnait accès aux fonctions centrales, et beaucoup de sultans étaient des fils d'esclaves chrétiennes. De nombreux convertis continuaient en outre de pratiquer une forme de crypto-christianisme.

L'Anatolie comptait encore plus de 5 millions de chrétiens à la fin du XIXe siècle, époque où les minorités commencent à se révolter contre leur statut de seconde classe ; la répression s'organise. Des puissances comme la France et la Russie sont tentées de s'élever en protectrices des chrétiens, accentuant chez les Ottomans la perception d'une menace minoritaire au cœur de l'Empire. De 1894 à 1896, les massacres hamidiens font entre 100 000 et 300 000 victimes parmi les Arméniens et les Assyriens. Le génocide arménien de 1915 (entre 700 000 et 1,5 million de morts), celui des Assyriens (entre 300 000 et 700 000 morts), les massacres des Grecs pontiques (300 000 morts) se situent ensuite dans cette continuité macabre.

La fondation de la république accélère l'épuration. Le traité de Lausanne avalise les échanges de populations entre Grèce et Turquie ; au total, 1 200 000 Grecs ont quitté la Turquie entre 1912 et 1924. La détérioration des relations gréco-turques a provoqué de nouvelles vagues d'expulsions en 1955 et 1964 ; au moment de la crise chypriote en 1974, les Grecs n'étaient déjà plus que quelques milliers en Turquie.

62

Y a-t-il encore des juifs en Turquie ?

La Turquie compterait aujourd'hui entre 10 000 et 15 000 juifs, contre plus de 100 000 âmes dans les années 1920. La communauté est désormais en décroissance rapide : près de 10 000 de ses membres auraient encore quitté le pays depuis 2002, pour retrouver une sérénité entamée par la montée de l'islamisme militant. L'hémorragie est particulièrement forte depuis le coup d'État de juillet 2016.

Les juifs étaient présents depuis longtemps en Turquie – on trouve des traces de culture judaïque sur le territoire dès le IVe siècle av. J.-C. Leur histoire a changé de dimension au XVIe siècle avec l'expulsion des juifs d'Espagne par Isabelle la Catholique : l'Empire ottoman en pleine expansion accueille alors avec intérêt les élites juives européennes, qui forment une nouvelle bourgeoisie urbaine. Au XIXe siècle, la multiplication des pogroms en Europe pousse de nouveaux réfugiés vers l'empire.

La situation des juifs turcs a beaucoup évolué en 500 ans. Organisés en *millet* (communauté) par les Ottomans, ils étaient soumis au même type de contraintes que les autres minorités mais ont subi moins de persécutions que les chrétiens. Sous la république kémaliste, ils faisaient partie des minorités reconnues par le traité de Lausanne et Atatürk les considérait comme une communauté modèle, loyale envers l'État. Ils ont pourtant été l'objet de discriminations aggravées d'une dimension antisémite : restrictions de circulation, interdiction de l'usage de leur langue, le *ladino*, conversions forcées jusque dans les années 1930. La majeure partie de la communauté juive des Dardanelles a émigré vers la France en 1934 à la suite de pogroms. Ils se sont installés à Paris dans les quartiers de La Roquette et Popincourt, d'où beaucoup ont été déportés pendant la Seconde Guerre mondiale.

Le gouvernement turc affirme aujourd'hui avoir sauvé beaucoup de juifs pendant la guerre. Quelques milliers d'entre eux ont en effet bénéficié de passeports turcs délivrés aux anciens « citoyens ottomans », mais les historiens insistent sur le caractère partiel et *ad hoc* de ce traitement. Les autorités craignaient plutôt d'être submergées par les réfugiés, et plusieurs bateaux emmenant des juifs vers la Palestine n'ont pas été autorisés à accoster en Turquie.

La moitié des juifs turcs ont choisi de s'installer en Israël en 1948 – ce qui leur vaut encore d'être accusés de traîtrise. Ce qui reste de la communauté est désormais concentré à Istanbul et Izmir. Il s'agit pour l'essentiel d'une bourgeoisie aisée, active économiquement – exclue *de facto* de la haute administration. Cette minorité tranquille fait face à la montée d'un antisémitisme régulièrement alimenté par les déclarations des responsables de l'AKP. Dans un pays où *Les Protocoles des sages de Sion* et *Mein Kampf* sont régulièrement réédités, la référence au « *lobby* juif » est devenue systématique pour expliquer les crises, depuis les manifestations de Gezi jusqu'aux moindres difficultés économiques.

63

Comment sont traitées les minorités religieuses en Turquie aujourd'hui ?

Le traitement juridique et social des minorités religieuses en Turquie – moins de 0,5 % de la population – apparaît comme un précipité des traditions ottomanes et des réformes radicales du kémalisme. L'ambiguïté est de mise sous l'AKP, ouvert au dialogue sur fond de sunnisme dominant.

L'Empire ottoman protégeait ses minorités religieuses tout en les rançonnant. Le christianisme orthodoxe byzantin, qui avait souffert de l'absolutisme papal, s'est épanoui au début de l'empire, et la tolérance ottomane a aussi bénéficié aux juifs expulsés d'Europe à partir du XVe siècle. Les communautés non musulmanes étaient soumises au régime de la dhimmitude, un statut d'infériorité sociale assortie de taxes spécifiques. La révolution laïque atatürkiste a conservé un statut d'exception, théoriquement positive, pour trois minorités reconnues par le traité de Lausanne : Grecs orthodoxes, Arméniens et juifs, qui se sont vu reconnaître des droits. En réalité, la discrimination est restée la norme, car depuis la guerre d'indépendance les minorités sont considérées comme une cinquième colonne hostile au service de l'étranger. En 2007, un sondage du Pew Research

Center révélait que seulement 15 et 16 % des Turcs avaient une opinion favorable des chrétiens et des juifs.

Depuis l'ouverture des négociations d'adhésion à l'Union européenne, le sort des minorités est un sujet de contentieux permanent avec l'État turc. La Commission européenne dénonce les anomalies qui font obstacle à un traitement égalitaire : absence de personnalité juridique pour les communautés, restrictions au droit de propriété – des expropriations massives ont eu lieu au XXe siècle –, ingérences de l'État dans la gestion des fondations religieuses et impossibilité de former le clergé – les séminaires grecs orthodoxes et arméniens ont été fermés en 1971. Les religions non reconnues (alévis, syriaques, maronites, catholiques, protestants…) n'ont pas d'existence légale et la Turquie est régulièrement condamnée par la Cour européenne des droits de l'homme pour violation des droits des alévis.

L'AKP, qui défend en principe la liberté religieuse et le dialogue, a fait légèrement bouger les lignes. La liberté de culte est dans l'ensemble mieux respectée et des lieux chrétiens fermés depuis la fin de l'empire ont été partiellement rouverts – la première messe célébrée dans le sanctuaire arménien d'Akhtamar a fait les gros titres en 2010. Tayyip Erdoğan a aussi offert en 2011 de rendre aux communautés juives et chrétiennes les bâtiments expropriés depuis 1936. Mais le déblocage est complexe et la société évolue peu. Plusieurs assassinats de prêtres ont endeuillé la communauté chrétienne ces dernières années. Les médias officiels ont accusé les chrétiens et les juifs d'être impliqués dans la tentative de coup d'État de juillet 2016, et les menaces se multiplient depuis sur les réseaux sociaux.

ÉCONOMIE

64

Pourquoi la Turquie connaît-elle une forte croissance depuis douze ans ?

La Turquie a connu l'un des plus forts taux de croissance du monde en moyenne sur les douze dernières années (4,5 % pour 2015). Elle a triplé son PNB par tête sur la même période et, malgré un certain ralentissement, échappe presque aujourd'hui à la crise économique généralisée.

Cette dynamique traduit d'abord un effet de rattrapage rapide. Le pays a connu au XXe siècle une croissance incertaine et extensive avec un appareil productif faible et administré, dans un contexte de fermeture. Un déficit d'épargne chronique et non résolu à ce jour mettait la Turquie à la merci de crises de financement brutales. La dernière d'entre elles date des années 2000-2002 ; la Turquie affiche alors la plus lourde ardoise du FMI. Grâce au plan de réformes structurelles de l'économiste Kemal Derviş, elle est devenue dix ans plus tard créditrice de l'institution. Indépendance de la banque centrale, nettoyage du bilan des banques, réglementation plus sévère : le cadre de financement est assaini, posant les bases du décollage économique postérieur.

La croissance semble ensuite avoir été littéralement libérée sous l'AKP. Soutenu par le nouveau capitalisme anatolien, Tayyip Erdoğan prône un modèle économique libéral reposant à la fois sur le dynamisme du marché intérieur turc et sur la poursuite de l'ouverture des frontières, esquissée dès les années 1980, et accélérée par l'établissement de l'union douanière avec l'Union européenne en 1996. Extrêmement réactifs, les entrepreneurs turcs se placent sur de nouveaux marchés dans leur voisinage moyen-oriental, en Asie centrale ou en Afrique. Ils exportent toutes sortes de biens, tant industriels que de consommation courante, offrant une qualité légèrement supérieure aux Chinois. La perspective de l'adhésion à l'Union européenne constitue par ailleurs un ancrage décisif pour les investisseurs étrangers. La Turquie représente pour eux à la fois un marché prometteur et une plateforme pour leurs activités régionales.

Les contraintes essentielles de l'économie turque sont l'accès aux ressources – le sous-sol abrite très peu de matières premières et toute l'énergie est importée – et l'éternelle question du financement – entre raréfaction des liquidités mondiales et montée du risque politique. L'insuffisante qualité du modèle productif sera aussi un obstacle à l'avenir : l'industrie turque reste concentrée sur des secteurs classiques, fortement concurrentiels et sensibles aux coûts salariaux, comme l'automobile et le textile. Une croissance plus intensive en technologie, soutenue par un réel effort d'éducation, était indispensable pour éviter le « piège du revenu intermédiaire » (*middle income trap*) qui guette tous les pays émergents. L'état de grâce pourrait s'achever rapidement : l'année 2016, marquée par des péripéties politiques négatives, a déjà marqué une forte décélération de la croissance.

65

Le bilan économique de l'AKP explique-t-il ses succès politiques ?

Le bilan économique des dix premières années de l'AKP au pouvoir est généralement présenté comme très positif. Il est mis en scène à chaque élection : le programme de la campagne présidentielle de Tayyip Erdoğan en 2014, intitulé « Pour une nouvelle Turquie », comportait un grand volet économique annonçant l'avènement d'une « société du bien-être ».

En effet, la progression de certains fondamentaux est immédiatement visible : ouverture, croissance, triplement du revenu par tête. La réforme de la monnaie (nouvelle livre) et du système bancaire a redonné un sentiment de stabilité aux électeurs. Le pays se développe, semble bien géré, et ce miracle économique contraste de façon saisissante avec les années de croissance faible et extrêmement inflationniste, de blocage et de corruption généralisée imputables aux gouvernements de coalition qui se succédaient auparavant aux affaires.

Le simple fait de ce décollage procure un immense bénéfice d'image à Tayyip Erdoğan. Mais le gain politique tient aussi à la qualité de la croissance turque et à son impact redistributif sur l'ensemble du territoire et de la population. L'émergence de nouveaux pôles urbains, bâtis autour d'un noyau de services essentiels (hôpitaux, universités, infrastructures de communication), généralement construits en partenariat public-privé, a accompagné la montée d'une classe moyenne islamique qui constitue la base électorale de l'AKP. Elle est composée à la fois d'entrepreneurs et de salariés qui ont vu leurs conditions de vie s'améliorer considérablement.

L'AKP a également mis en œuvre une politique sociale généreuse pour élargir sa clientèle en direction des plus pauvres. La couverture sociale s'est généralisée et des aides en espèces ont été accordées aux mères de famille, ciblant tant les campagnes marginalisées que les banlieues pauvres des grandes villes, gonflées par l'exode rural. Les municipalités AKP pratiquent ainsi la charité systématique en direction des démunis, mobilisant au passage les ressources des ONG islamiques. Les effets de ces dépenses sont clairement calculés en termes de votes : le clientélisme bat son plein en période de campagne, avec des distributions de produits de première nécessité (charbon), mais aussi de biens de consommation sophistiqués (machines à laver…).

En l'absence d'alternative politique crédible, le ralentissement de la croissance depuis 2015 (de + 4,5 à 3 %) n'a pas vraiment eu d'effet négatif sur la popularité du gouvernement. La confiance de ses fidèles est si forte que le président peut désormais même leur demander de soutenir l'économie fragilisée : en décembre 2016, il a appelé publiquement les Turcs à convertir leurs devises en livres turques pour sauver la monnaie nationale en perdition.

66

Pourquoi les agences de notation hésitent-elles sur la Turquie ?

La relation entre la Turquie et les grandes agences mondiales de notation financière, Standard & Poor's (S&P), Fitch et Moody's, connaît depuis deux ans des développements houleux.

Ces organismes, principalement chargés d'évaluer le risque de non-remboursement de la dette d'un État (risque souverain), portaient ces dernières années un regard plutôt bienveillant sur l'économie turque. Elles avaient apprécié le rattrapage de croissance, étaient rassurées par l'ancrage européen, saluaient les réformes et le pilotage macroéconomique du gouvernement. Les fondamentaux géographiques, démographiques et politiques du pays les incitaient à un optimisme qui se traduisait progressivement dans leurs notations.

La crise financière de 2008-2009 a sérieusement rebattu les cartes, mettant à mal plusieurs grandes économies émergentes et industrialisés, dont la note souveraine s'est trouvée dégradée (Brésil, Pays-Bas, Espagne, Italie, France). Ce contexte a indirectement bénéficié à la Turquie, considérée comme une valeur alternative de refuge. En 2012, Fitch loue ainsi son chemin de croissance équilibré et, après dix-huit ans de purgatoire, fait passer la note souveraine turque en *investment grade* ; Moody's fait de même en 2013. S&P reste en revanche dubitative et s'attire de ce fait les foudres de Tayyip Erdoğan, qui met fin à son contrat, déclare sa femme mieux à même de juger des performances de l'économie, et évoque la création d'une agence de *rating* turque pour favoriser l'objectivité des analyses.

Mais les agences recommencent à s'inquiéter dès 2014. Le faible taux d'épargne, la stagnation de la productivité, la montée des coûts salariaux sont autant de signes annonciateurs d'un ralentissement économique. Le contexte international se dégrade et S&P déclare en 2015 que la Turquie est l'une des économies les plus « volatiles » du groupe des pays en développement. Fitch et Moody's conservent jusque-là l'*investment grade* – le maintien à ce niveau par deux des trois agences conditionnant les décisions des fonds d'investissement.

Le coup d'État de juillet 2016 a accéléré la crise de confiance. Fitch confirme la note souveraine à BBB –, dernier échelon au-dessus de la catégorie spéculative (*junk*), mais abaisse la perspective de « stable » à « négative ». Moody's fait repasser la note en *junk* pour sanctionner l'instabilité croissante. S&P abaisse quant à elle encore la note, de BB+ à BB, avec une perspective négative. Le risque politique devient un paramètre majeur : il force la possibilité d'un retrait des capitaux étrangers, indispensables pour combler le déficit courant chronique de la Turquie.

67

Avec quelles régions du monde la Turquie échange-t-elle le plus ?

L'économie turque s'est considérablement ouverte en l'espace de quelques décennies, passant de l'introversion kémaliste héritée des années 1930 à l'extraversion assumée à partir des années 1980. Le commerce extérieur représentait en moyenne 58 % du PIB turc sur la période 2012-2015, et les investissements étrangers ont crû de façon spectaculaire depuis 2005.

Le choix de l'ouverture est allé de pair avec une diplomatie commerciale active, destinée à ouvrir des marchés. Dès les années 1980, la Turquie s'est intéressée aux pays du Moyen-Orient qui bénéficiaient des retombées de la manne pétrolière ; dans les années 1990, la fin de la guerre froide a permis d'explorer les marchés des républiques turcophones d'Asie centrale. Mais une étape décisive a été franchie avec l'entrée en vigueur de l'union douanière avec l'Union européenne en 1996, prolongement juridique du Traité d'association d'Ankara de 1963.

Depuis cette date, l'intégration commerciale avec l'Union européenne, qui était déjà le premier partenaire, a encore progressé. 49 % des exportations et 39 % des importations turques se font avec l'Union européenne.

Celle-ci était, de loin, le premier client de la Turquie en 2015, avec l'Allemagne au premier rang, suivie du Royaume-Uni ; venaient ensuite l'Irak et les États-Unis. Du côté des fournisseurs, on trouve presque au même niveau la Chine, l'Allemagne et la Russie (qui exporte son gaz vers la Turquie). La France était 6e client et 6e fournisseur.

Les échanges avec l'Europe sont structurellement déficitaires pour la Turquie. Le commerce extérieur turc révèle une dépendance persistante aux produits intensifs en technologie et une difficulté à monter en gamme à l'export. Dans le secteur clé de l'automobile, le profil de la Turquie est toujours celui d'un sous-traitant. Les exportations turques pâtissent aujourd'hui de la faible croissance de la Zone euro, à laquelle s'ajoute depuis 2011 l'instabilité du Moyen-Orient.

L'AKP a assoupli la législation sur les investissements étrangers et bénéficié en termes d'attractivité du processus d'adhésion à l'Union européenne, garant d'un ancrage politique et normatif. Très faibles dans les années 1990, les flux d'investissement directs étrangers ont ainsi connu une envolée à partir de 2005. L'Union européenne demeure là encore le principal investisseur, les Pays-Bas et l'Allemagne se situant en 2014 en haut de la liste (avec respectivement 17,6 et 10,7 % des flux). Investisseur historique, la France se trouve désormais au 7e rang. Il est à noter que le financement du déficit courant chronique est désormais comblé pour moins du quart par des IDE depuis 2010, le reste étant constitué de capitaux volatils, la fameuse *hot money* sensible au risque politique.

68

Pourquoi dit-on que la Turquie est un « carrefour énergétique » ?

L'accès à l'énergie est une question majeure pour la Turquie : si elle possède un potentiel hydraulique non négligeable, elle abrite en revanche très peu de ressources fossiles. Sa position géographique peut lui permettre de pallier ce handicap : elle se trouve au carrefour des grandes routes de l'énergie, et cherche à s'imposer dans un rôle de courtier.

La Turquie est proche de l'Asie centrale, du Moyen-Orient et de la Méditerranée, qui abritent les plus grandes réserves mondiales d'hydrocarbure ; elle est aussi voisine de l'Europe, ce qui en fait un lieu de transit naturel pour acheminer les ressources vers les grands pays consommateurs à l'Ouest. Elle a donc développé une diplomatie énergétique, pour optimiser ses gains selon une hiérarchie de priorités : garantir sa propre sécurité énergétique en diversifiant ses sources d'approvisionnement ; défendre la position de ses entreprises dans le secteur de l'énergie sur le plan régional ; s'assurer des revenus en prélevant des taxes sur l'usage des oléoducs et des gazoducs passant sur son territoire.

Depuis quelques années, plusieurs projets d'achemi-nement concurrents se disputent la participation de la Turquie. Pour elle, la principale difficulté est de défendre ses intérêts économiques sans fragiliser ses alliances tra-ditionnelles ni altérer les grands équilibres géopolitiques. La quadrature du cercle consiste en fait à concilier sa vocation européenne et sa bonne relation avec la Russie (qui est son premier fournisseur d'énergie), tout en pré-servant le rapport transatlantique, et en développant des interactions favorables avec les voisins arabes et Israël. Une tâche compliquée voire impossible à accomplir, sauf si ces différents objectifs prévalent de façon successive. Les effets d'annonce et les revirements turcs sont donc réguliers.

C'est l'entrée en service du pipeline Bakou-Tbilissi-Ceyhan en 2006, soutenu par les Américains, qui a réellement fait passer Ankara au premier rang du jeu régional. La même année, Vladimir Poutine et Tayyip Erdoğan inauguraient le gazoduc Blue Stream sous la mer Noire. Le grand projet Nabucco, qui devait alimenter les pays européens en gaz de la Caspienne en passant par la Turquie, est aujourd'hui abandonné, mais la construction du Trans-Anatolian Gas Pipeline (Tanap), reliant la fron-tière turco-géorgienne à la frontière gréco-turque, a com-mencé en 2015. Un projet qatari de gazoduc transsyrien, abandonné en 2009, impliquait aussi la Turquie, et la réconciliation avec Israël en 2016 comporte un volet éner-gétique. Quant au projet Turkish Stream, autre gazoduc russo-turc prévu sous la mer Noire, il est relancé depuis l'été 2016, et l'Iran s'y intéresse également.

69

Qui sont les « tigres anatoliens » ?

L'émergence de l'AKP en 2001 et sa victoire écrasante aux élections législatives d'octobre 2002 ont révélé une sociologie jusque-là inconnue : c'est une nouvelle classe capitaliste issue de la Turquie de l'Est, pleinement anatolienne, qui a donné à Tayyip Erdoğan les moyens de son ascension.

On les désigne comme les « tigres anatoliens », par analogie avec les « tigres » et les « dragons » du Sud-Est asiatique, ces nouveaux pays industrialisés qui s'étaient développés très rapidement dans les années 1980, portant un modèle économique de croissance par les exportations. Les origines du phénomène des tigres turcs remontent à la première phase d'ouverture de l'économie du pays, durant les années 1980 et 1990. Des petites entreprises familiales mettent en place, dans des villes moyennes du centre et de l'Est, à Gaziantep, Kayseri, Konya ou Adana, un système économique souvent comparé au capitalisme rhénan de Max Weber. La recette du succès de ces « calvinistes islamiques » est une combinaison d'éthique religieuse, de libéralisme économique et de rigueur de gestion. Produisant toute la gamme possible des biens industriels et des produits de consommation courante à des prix raisonnables et pour une qualité correcte, ces petites et moyennes entreprises font preuve d'une grande détermination pour s'ouvrir des marchés à l'étranger. La zone industrielle de Gaziantep produit par exemple textile, électroménager, produits agroalimentaires ou équipements pour le BTP au plus près des pays du Moyen-Orient (Irak, Iran, Syrie), vers lesquels elle exporte. Mais ces nouveaux capitalistes se sont aussi imposés sur les marchés russes, caucasiens et dans l'Union européenne.

Par leur dynamisme, les tigres anatoliens ont accompagné la politique de puissance d'Ahmet Davutoğlu, fondée sur le *soft power* économique. Ils ont incarné la revanche de la Turquie « noire », la Turquie de l'Est, sur la Turquie « blanche » et le grand capitalisme stambouliote bâti à l'ombre de l'État kémaliste. Ces nouveaux bourgeois ont leur propre organisation patronale, la Müsiad. Ils pratiquent un mécénat culturel actif axé sur la restauration du passé ottoman et financent des universités privées, consolidant au passage l'emprise du conservatisme social que défend l'AKP. Cependant, la brouille entre Fethullah Gülen et Tayyip Erdoğan a altéré cette harmonie, car la confrérie du gourou exilé comptait bon nombre de ces entrepreneurs provinciaux désormais tombés en disgrâce. L'État a repris la main : un nouveau processus de clientélisation de l'économie turque se profile, sous la direction exclusive du président.

70

Comment s'explique la réussite remarquable de la Turkish Airlines ?

La Turkish Airlines (*Türk Hava Yolları*, THY) est devenue en dix ans un redoutable acteur sur le marché aérien mondial. Une flotte passée de 200 avions fin 2012 à 311 en 2016 ; près de 300 destinations desservies, les trois quarts à l'international ; 60 millions de passagers transportés en 2015 (+ 10 % en un an) : la réussite et le *business model* de la compagnie sont si remarquables qu'ils ont fait l'objet d'un enseignement à Harvard.

La stratégie de développement de la THY est bien pensée et sa gestion rigoureuse. Le choix de l'intégration – depuis le *catering* assuré en interne, jusqu'à la prise de parts dans des compagnies énergétiques – permet de contenir les coûts d'exploitation. 51 % du capital de la THY est privé, mais le soutien multiforme de l'État lui a été indispensable pour progresser. Son modèle économique apparaît cependant plus équilibré que celui des compagnies arabes du Golfe, massivement subventionnées, qui avaient déjà bouleversé le marché aérien traditionnel.

La réussite de la THY est emblématique du capitalisme turc sous l'AKP : elle n'était qu'un petit acteur du marché régional jusqu'à ce que la stratégie d'ouverture économique du pouvoir lui offre un nouveau souffle. Elle a d'abord accompagné le développement du trafic aérien intérieur : la banalisation de l'avion comme moyen de transport domestique répondait à une volonté d'aménagement du territoire, pour désenclaver l'Anatolie par rapport à l'Ouest déjà connecté. Au-delà, la THY a su tirer profit de la situation particulière d'Istanbul, métropole devenue un gigantesque *hub* de communication mondiale. La compagnie a bénéficié du boom touristique turc ; elle a aussi été l'éclaireur et l'instrument de la diplomatie aventureuse d'Ahmet Davutoğlu, la politique commerciale extérieure de l'AKP permettant de sécuriser des flux captifs cargo et passagers. La THY s'est positionnée sur des destinations peu exploitées et a permis par une optimisation des transits de relier des destinations éloignées. Elle assure ainsi le pont entre l'Europe et l'Asie, mais aussi le passage de l'Amérique vers l'Afrique.

Cette *success-story* tient une véritable place dans la stratégie d'image du gouvernement turc. La communication de la THY multiplie les *sponsorships* et les publicités dispendieuses mettant en scène les grands sportifs du monde ; c'est aussi dans ses avions qu'a été distribué dès le mois d'août 2016 le recueil officiel racontant, du point de vue des autorités, le *putsch* du mois précédent.

Le programme de fidélité de la THY est longtemps resté d'une rare générosité. Cependant, les années de

« flambe » semblent terminées : très profitable jusqu'en 2014, la compagnie a affiché de lourdes pertes en 2016. Ses ambitions mégalomanes détonnent désormais sur fond de crise économique mondiale et d'instabilité politique chronique en Turquie.

71

Pourquoi la Turquie accueille-t-elle autant de réfugiés syriens ?

Au début de la guerre civile syrienne, en 2011, la Turquie a opté pour une politique de frontière ouverte. En vertu d'un accord de libre circulation, les Syriens étaient déjà exemptés de visa pour se rendre sur le territoire turc. De nombreux civils fuyant les combats ont ainsi pu s'y réfugier et plusieurs camps d'accueil modernes ont été rapidement construits. Cinq ans plus tard, c'est près de 3 millions de Syriens qui se trouvent en Turquie, premier pays d'accueil. 10 % d'entre eux seulement sont installés dans des camps à la frontière, les autres se répartissant un peu partout en fonction des possibilités de résidence et d'emploi.

Les Syriens qui se trouvent en Turquie plutôt qu'en Jordanie, au Liban ou en Irak ont d'abord choisi le pays pour des raisons géographiques et politiques : l'interminable bataille d'Alep, la progression de Daech à l'est du pays, la consolidation des zones kurdes, ont fait fuir des centaines de milliers de personnes sur toute la frontière turco-syrienne. Mais le dynamisme de l'économie turque est aussi un facteur déterminant : celle-ci absorbe rapidement la main-d'œuvre syrienne, qui vient gonfler le secteur informel.

La Turquie communique beaucoup sur sa solidarité spontanée à l'égard des Syriens. Si le paramètre humanitaire a son importance, la décision de laisser entrer les réfugiés relève aussi d'un vrai calcul ; ils constituent un atout politique, mais aussi économique désormais. Leur statut reste flou : la Turquie maintenant une exception géographique à la Convention de Genève, ils bénéficient seulement d'une protection temporaire et non du plein statut de réfugiés. Beaucoup se sont installés dans les grandes villes frontalières, telles Adana ou Gaziantep, mais leur présence est aussi massive à Istanbul. La situation de la grande majorité d'entre eux est précaire. Les enfants sont scolarisés à la marge, les permis de travail délivrés au compte-gouttes, les entreprises turques rechignent à déclarer des travailleurs avantageusement employés au noir, pour des salaires très faibles.

Ces difficultés croissantes expliquent le mouvement migratoire massif qui s'est esquissé vers l'Union européenne à l'automne 2015. Le marchandage Turquie-Union européenne en cours depuis lors illustre le malaise suscité par le sort des réfugiés. Les Européens souhaitent que la Turquie gère seule l'essentiel du flux, en échange d'une aide financière substantielle. Tayyip Erdoğan réfléchit de son côté aux moyens d'intégrer durablement les Syriens dans le paysage, et songe à leur octroyer la nationalité turque.

72

Quelle est la place de l'économie informelle et des trafics ?

La place de l'économie parallèle est importante en Turquie et tend à croître, sous la double influence d'une conjoncture molle et d'une dégradation de la gouvernance. Travail sans contrat, évasion fiscale, corruption et trafics illégaux de biens sont en hausse.

En 2015, une étude de l'OCDE soulignait que la part des activités productrices de biens et services échappant au contrôle des autorités dépassait les 28 % du PIB, la Turquie se plaçant bonne dernière des nations industrialisées. Si la situation s'est améliorée par rapport aux années 1950, où la moitié du PIB échappait à l'État, on ne note aucun progrès significatif depuis 1999 : le tiers de l'économie reste « grise » depuis cette date et les projections sont pessimistes.

Les statistiques de l'économie informelle sont difficiles à établir. Elles sont généralement obtenues par déduction à partir d'agrégats macroéconomiques, complétées par des approches microéconomiques sectorielles. Les principaux secteurs touchés en Turquie sont l'agriculture, la construction (61 % des entreprises seraient concernées), le logement, l'hôtellerie-restauration, les services à la collectivité et aux personnes, les industries manufacturières. La baisse des emplois informels enregistrée entre 1950 et 2000 s'explique surtout par la baisse de la part de l'agriculture dans le PIB, mais le problème persiste ou s'aggrave dans tous les autres secteurs. Ce sont généralement les toutes petites entreprises (moins de dix employés) qui passent à travers les contrôles administratifs ; or, le miracle économique turc des dix dernières années leur doit beaucoup.

Les autorités ont tenté de lutter contre le phénomène dans le cadre du processus d'adhésion à l'Union européenne. Politique fiscale améliorée, simplification des procédures pour les entreprises et échanges d'information à l'international pour mieux appréhender les flux « au noir » font partie de l'arsenal déployé pour favoriser la transparence. Mais le ralentissement de la croissance joue désormais en sens inverse, car l'économie parallèle est un amortisseur dans les périodes de crise. La prise en compte des revenus informels fait d'ailleurs baisser sensiblement les indicateurs de pauvreté et d'inégalité des revenus en Turquie.

La crise politique rampante noircit le tableau. La crispation autoritaire du pouvoir s'accompagne d'une montée de la corruption et du clientélisme – une première affaire de corruption à grande échelle a éclaboussé Tayyip Erdoğan lui-même en 2013. La présence massive de réfugiés syriens vient aussi alimenter les circuits de l'économie grise, une grande partie d'entre eux étant logée et employée de façon illégale. Les trafics incontrôlés (matières premières, armes, antiquités, trafics humains) se sont par ailleurs intensifiés aux frontières depuis le début du conflit syrien.

73

Quelles entreprises françaises sont présentes en Turquie ?

La France était le 8e pourvoyeur d'investissements directs en Turquie en 2015 ; plus de 300 entreprises françaises sont présentes dans le pays, employant plus de 50 000 personnes.

Les compagnies françaises qui s'installent en Turquie veulent d'abord profiter d'un grand marché émergent proche, avec un taux de croissance encore élevé, et où l'augmentation du PNB par tête pousse la consommation. Elles choisissent aussi le pays comme plateforme régionale, soit pour y produire en vue de réexporter, soit pour coordonner leurs activités sur plusieurs pays, ou mettre au point des stratégies à l'égard de marchés voisins. La Turquie tire ainsi avantage de sa position géographique, entre Europe, Asie centrale et Moyen-Orient, d'un environnement des affaires correct (44e rang mondial sur 82 au classement de *The Economist* pour 2014-2018), et de conditions de production encore favorables pour des industries fortement employeuses de main-d'œuvre.

Le secteur phare de la présence française reste l'industrie, particulièrement l'automobile, avec les producteurs de véhicules (Renault, Peugeot-Citroën) et équipementiers (Faurecia, Valeo) ; mais aussi des entreprises telles que Thalès, EADS, l'Air liquide. Le secteur énergétique suit, avec GDF-Suez (production d'électricité et distribution de gaz), EDF (renouvelables, éolien), Alstom. Le secteur pharmaceutique est représenté, Sanofi disposant d'une usine de production tandis que Servier et Fabre y distribuent leurs produits. Danone, Andros, Bel, Lactalis sont présents sur le segment agroalimentaire. Le secteur bancaire et financier est bien placé avec Axa, devenue la 3e compagnie d'assurances de Turquie, Groupama la 7e, BNP-Paribas (participation à 50 % dans TEB depuis 2005) et la Société générale. Les biens de consommation aussi sont là (cosmétiques : L'Oréal, Yves Rocher ; textile ; luxe avec LVMH) ; Club Med et Accor se sont engagés dans le tourisme et l'hôtellerie.

Les hauts et les bas du climat bilatéral franco-turc n'ont pas vraiment d'effet, ni sur les courants d'échange, ni sur le niveau des investissements. La *success-story* de Renault illustre bien à cet égard le faible impact du contexte politique. La firme au losange a installé sa première usine à Bursa en 1969, en partenariat avec Oyak, le gestionnaire de fonds de pension de l'armée turque. Ce site est aujourd'hui l'un des meilleurs pour Renault en termes de qualité et de productivité ; la majorité des Clio vendues dans l'Union européenne en sortent et les niveaux de production y ont atteint un record en 2016, malgré plusieurs grèves ayant abouti à des revalorisations de salaires.

La matérialisation d'un risque politique élevé depuis 2015 pourrait en revanche constituer un facteur dissuasif : il y aura probablement moins de nouveaux entrants sur le marché turc en 2017, en attendant des jours plus calmes.

GÉOPOLITIQUE

74

Où se trouve la diaspora turque ?

Si l'on ne prend pas en compte les peuples turciques répartis dans presque tout le berceau originel de l'Asie centrale, les communautés turques installées hors de Turquie sont soit des reliquats de la présence ottomane, soit le résultat d'une émigration récente.

C'est dans les Balkans que subsistent le plus de traces de la présence ottomane historique : la Bulgarie, la Grèce, la république de Macédoine comptent encore des communautés turques de plusieurs dizaines de milliers de personnes – jusqu'à 300 000 en Grèce. Le cas de la Bulgarie est remarquable : les Turcs y représentent près de 10 % de la population, et ont été soumis à des régimes discriminatoires pendant l'ère communiste – dont une vague d'assimilation forcée débouchant sur des expulsions massives en 1989. On trouve également des Turcs dans les anciennes provinces arabes ottomanes : des Turkmènes, descendants des fondateurs de l'empire, vivent en Irak, en Syrie, au Liban. Ils représenteraient au total plusieurs millions de personnes – les plus grandes communautés se trouvant en Iran et en Afghanistan.

Près de 15 millions de détenteurs de la nationalité turque vivent hors de Turquie. Cette diaspora comprend des Turcs ethniques et des représentants d'autres groupes ayant la citoyenneté turque, ayant émigré depuis la Turquie – soit, en particulier, une proportion significative de Kurdes.

Ces « citoyens originaires de Turquie » forment la communauté étrangère la plus nombreuse et la plus largement disséminée géographiquement en Europe. L'Allemagne a bénéficié d'un fort courant d'émigration économique à partir de 1961 ; une estimation large donne près de 4 millions de Turcs en Allemagne, en comptant les primo-arrivants et leurs descendants. Viennent ensuite la France (600 000), les Pays-Bas (400 000), le Royaume-Uni (300 000), l'Autriche (250 000), la Belgique et la Suisse (100 000 à 150 000 personnes).

Les Turcs ont aussi émigré vers l'Amérique ; aux États-Unis, leur nombre est mal connu, les estimations oscillant entre 250 000 et 500 000 personnes, tandis que le Canada en compte 50 000. L'Australie enfin compterait 70 000 personnes originaires de Turquie.

La cause de la migration turque n'est pas uniquement économique, même si ce motif de départ domine : les coups d'État ont aussi provoqué des vagues d'exils politiques. Beaucoup de Turcs naturalisés choisissent de conserver leur nationalité d'origine. Ces communautés sont de plus en plus alignées sur les dynamiques politiques internes turques : les grandes mobilisations pro-AKP[1] en Europe s'opposent ainsi à la structuration des communautés kurde et alévie.

---

1. Voir la question 27, « Pourquoi Erdoğan est-il si populaire ? », p. 79.

75

Comment travaillent les diplomates turcs ?

Vus depuis les chancelleries occidentales, les diplomates turcs ont une solide réputation d'organisation, de discipline et de professionnalisme.

C'est le résultat d'une évolution tardive. Si les puissances européennes ont envoyé des ambassadeurs permanents vers la Sublime Porte dès le XVe siècle (en 1535 pour la France), les Ottomans se contentaient quant à eux de nommer ponctuellement des émissaires particuliers jusqu'à la fin du XVIIIe siècle. L'empire se concevait davantage comme courtisé qu'en demande de contacts avec l'extérieur ; les traités relevaient de la volonté du seul sultan, devaient être rédigés en *osmanlı* et ne faisaient pas l'objet de négociations. L'attitude s'inverse au XIXe siècle, moment de crise où l'administration s'occidentalise rapidement. Un ministère des Affaires étrangères est créé en 1836, le français devient langue diplomatique dominante et la formation des diplomates se professionnalise.

Le recrutement par concours ne s'est imposé qu'avec la république et le ministère des Affaires étrangères turc est longtemps resté un bastion du kémalisme élitaire, domaine des « Turcs blancs » et particulièrement des francophones. L'AKP fait souffler depuis dix ans le vent du changement et la corporation diplomatique a beaucoup évolué sous la houlette d'Ahmet Davutoğlu. Le renouvellement des effectifs a été facilité par l'ouverture de nombreuses représentations extérieures, notamment en Afrique. Les héritiers des castes aristocratiques ottomanes cèdent ainsi progressivement la place à une petite bourgeoisie islamiste méritante ; des nouveaux venus qui parlent aussi de nouvelles langues – on recrute de plus en plus d'arabisants.

Patriotes, travailleurs et durs en affaires : ainsi sont souvent décrits les diplomates turcs, considérés comme de remarquables partenaires – ou adversaires. Ils conçoivent les interactions en termes de rapports de forces, et la centralisation parfaite du ministère garantit une exécution sans faille des ordres émis à Ankara. Les ambassadeurs turcs relaient les messages avec inflexibilité : les débats autour du génocide arménien ont par exemple été à l'origine d'innombrables crises diplomatiques, culminant autour du centenaire en 2015.

Dans un premier temps, la grande politique étrangère de Davutoğlu avait gagné l'approbation des fonctionnaires « classiques », valorisés de participer à son entreprise de réaffirmation nationale. Mais les revers subis depuis 2011 ont fragilisé le consensus improbable entre islamistes et héritiers du kémalisme. Le flou grandissant des processus de décision entretient aussi le malaise, entre nominations de conseillers spéciaux et interférences du cabinet présidentiel. En outre, les enquêtes suivant la tentative de coup d'État de 2016 ont révélé des tricheries massives au profit des gülénistes dans les récents concours de recrutement. Les purges qui ont suivi ont exposé publiquement les difficultés de l'orgueilleuse bureaucratie.

76

La Turquie pourrait-elle fermer le détroit du Bosphore ?

Les détroits du Bosphore et des Dardanelles, qui encadrent la mer de Marmara, sont un enjeu géopolitique majeur depuis le XVIIIe siècle. La Russie s'y intéresse particulièrement, car ils lui ouvrent l'accès aux mers chaudes.

La croissance spectaculaire d'Istanbul au cours de la seconde moitié du XXe siècle a renforcé l'importance du Bosphore, qui relie la mer de Marmara à la mer Noire, au détriment des Dardanelles (l'Hellespont antique), entre la mer de Marmara et la mer Égée. Les conditions de navigation y ont toujours été difficiles, du fait d'un profil géographique irrégulier et de la constance des brouillards. La problématique est donc double : assurer la sécurité et la liberté de la circulation – sans oublier le passage transversal entre Europe et Asie, désormais assuré à Istanbul par trois ponts.

Les Ottomans se sont emparés des Dardanelles au XIVe siècle et du Bosphore en 1453. Au XVe siècle, il fallait la permission du sultan pour entrer ou sortir de la mer Noire ; au XVIe siècle, l'accès en était totalement fermé aux étrangers. La poussée des Russes au XVIIIe siècle a de nouveau ouvert la voie : les Ottomans abandonnent en 1774 la rive nord de la mer Noire et leur accordent la liberté de navigation à travers les détroits. Au XIXe siècle la question militaire prend le dessus : la première convention multipartite, signée à Londres en 1841, interdit les détroits aux bâtiments de guerre étrangers en temps de paix.

La liberté permanente de circulation commerciale, qui fait partie des quatorze points de Wilson après la Première Guerre mondiale, est inscrite dans le traité de Lausanne en 1923. La Turquie récupère enfin la pleine souveraineté sur les détroits avec la convention de Montreux de 1936, qui pose la liberté absolue de passage en temps de paix et en temps de guerre pour les navires commerciaux, quels que soient leur pavillon et leur chargement. Le règlement est plus complexe pour les navires de guerre, qui doivent annoncer leur passage à l'avance, avec des limitations de tonnage pour les États non riverains de la mer Noire. L'URSS a relancé le débat en 1945, en proposant une cogestion des détroits – elle voulait y installer des bases militaires. Mais la Turquie a verrouillé efficacement le Bosphore pendant la guerre froide.

La convention de Montreux a tenu sur la durée. Les autorités turques ont certes pris unilatéralement quelques mesures restrictives pour répondre à l'augmentation du trafic des tankers : la saturation physique du Bosphore inquiète, au point que le président Erdoğan envisage de le doubler par un gigantesque canal parallèle, le *Kanal İstanbul*.

Les tensions russo-turques ont relancé fin 2015 les spéculations sur la possibilité d'une limitation du passage des bâtiments militaires russes en route vers la Syrie. Ce serait matériellement possible, mais diplomatiquement et militairement peu gérable. Quoi qu'il en soit, Vladimir Poutine clame lui aussi depuis quelques années l'urgence de développer des itinéraires alternatifs, pour réduire la dépendance russe vis-à-vis des détroits turcs.

77

Où en sont les relations gréco-turques ?

La visite des grands sites archéologiques du littoral égéen en Turquie – Éphèse, Pergame, Aspendos… – met en lumière les traces d'un glorieux passé grec réapproprié sans état d'âme par l'État turc. Ce traitement du patrimoine symbolise bien le rapport de forces entre les deux nations, passées d'une relation dominant/dominé au statut d'ennemis déclarés, puis de partenaires obligés.

La présence grecque en Anatolie précède d'une dizaine de siècles l'arrivée des Turcs. L'affrontement s'est étalé sur plusieurs siècles : la Constantinople conquise par les Ottomans était encore de culture grecque ; les Balkans et les îles ont été grignotés peu à peu, le Péloponnèse tombant seulement en 1715 dans les mains des sultans. Encouragée par la Russie, la cause de l'hellénisme se répand dès cette époque et la guerre d'indépendance grecque mobilise au début du XIXe siècle les militants européens de la chrétienté. En 1918, l'armée grecque occupe une partie de l'Anatolie ; les Turcs fêtent encore chaque année le 30 août la victoire obtenue contre celle-ci en 1922, qui entraîna des échanges massifs de population. Le XXe siècle sera jalonné de pogroms touchant la communauté grecque de Turquie, qui ne compte plus aujourd'hui que quelques milliers de membres.

Réunies au sein de l'OTAN, la Grèce et la Turquie se sont malgré tout livrées pendant des décennies à une course aux armements dirigée vers le voisin, sur fond d'incidents militaires récurrents. Les petits enfants turcs ont longtemps appris à l'école primaire que leur pays « est entouré de trois côtés par la mer, et sur quatre par l'ennemi » – la Grèce était l'un d'eux. Deux contentieux subsistent effectivement : l'occupation du nord de Chypre[1] par les Turcs, et la délimitation des eaux territoriales respectives des deux États en mer Égée.

La Grèce ennemie est pourtant devenue partenaire dans les années 1990 grâce aux efforts du parti socialiste grec, passé de l'ultranationalisme au calcul d'équilibre stratégique. La réconciliation s'est concrétisée au moment du tremblement de terre d'Izmit, suivi d'une réplique à Athènes, en 1999 : l'urgence humanitaire fait alors basculer les deux pays dans un modèle de coopération inédit. Les sociétés s'ouvrent l'une à l'autre et redécouvrent leurs proximités gastronomiques, musicales… Mais le passé conflictuel n'a pas été complètement apuré. Le sort des biens grecs abandonnés en Turquie et le statut du patriarcat grec orthodoxe d'Istanbul sont toujours en suspens. L'offre d'aide de la Turquie pour régler la crise financière grecque en 2015 a plutôt été perçue comme une démonstration de puissance que comme un acte de générosité désintéressé. La Grèce affaiblie fait en outre

1. Voir la question 78, « Quel rôle joue la Turquie dans le problème chypriote ? », p. 208.

face à un afflux massif de migrants transitant par la Turquie.

À l'été 2016, une partie des mutins responsables du coup d'État manqué en Turquie a trouvé refuge en Grèce : une configuration inédite, porteuse de nouvelles tensions. Quelques semaines plus tard, Tayyip Erdoğan a de nouveau déclaré le traité de Lausanne caduc et remis publiquement en cause le *statu quo* sur les îles en mer Égée.

78

Quel rôle joue la Turquie dans le problème chypriote ?

L'île de Chypre est coupée en deux depuis 1974 : deux entités politiques aux statuts asymétriques, séparées dans une forme de paix froide, s'y font face. La république de Chypre, au Sud, est un État membre de l'Union européenne, tandis que la Turquie occupe la partie nord de l'île et est seule à reconnaître la République turque de Chypre du Nord autoproclamée en 1983 (RTCN, *Kuzey Kıbrıs Türk Cumhuriyeti*).

Chypre a été possession ottomane : au XVIe siècle, l'empire a arraché aux Vénitiens cette île dont la position stratégique en Méditerranée avait attiré par le passé les convoitises des Perses, des Byzantins, des Arabes et des croisés. Passée à la fin du XIXe siècle sous administration britannique, annexée par eux en 1914, Chypre n'accède à l'indépendance qu'en 1960. L'équilibre politique et institutionnel y est immédiatement fragilisé par les divisions entre les communautés grecque et turque de l'île. Très tôt, la Turquie défend l'idée d'une partition pour protéger les intérêts des Chypriotes turcs minoritaires. Les affrontements entre milices grecques et turques tournent à la quasi-guerre civile et l'ONU envoie des casques bleus en 1964.

En 1974, une tentative de coup d'État soutenue par la Grèce des colonels provoque l'intervention de l'armée turque, qui occupe 30 % du territoire. L'île est depuis coupée en deux par une « ligne verte », qui traverse la capitale, Nicosie. 30 000 soldats turcs stationnent à Chypre Nord. La Turquie a poussé l'installation de colons pour peser sur l'équilibre démographique global de l'île et la population de Chypriotes turcs autochtones y est aujourd'hui moins nombreuse que celle des émigrés de Turquie.

Le dossier chypriote isole la Turquie sur le plan diplomatique. La crise de 1974 a engendré de lourdes tensions au sein de l'OTAN et tout espoir d'intégrer l'Union européenne est vain tant que la question chypriote ne sera pas réglée. Une tentative de réunification en 2004 (plan Annan) a échoué du fait de l'opposition des Chypriotes grecs, et les Turcs y ont vu une manifestation de la duplicité occidentale. Les discussions de paix reprennent régulièrement mais elles piétinent. Longtemps conditionnés par le climat des relations gréco-turques, ces pourparlers sont devenus un indicateur des tensions turco-européennes.

Chypre Nord reste pour les nationalistes turcs un symbole de l'identité menacée. Mais le poids financier de l'entretien de la RTCN (dotation budgétaire, présence militaire) est lourd et Tayyip Erdoğan a donné quelques signes d'impatience à ce sujet. La découverte de vastes ressources gazières dans les eaux territoriales de l'île complique encore la donne : la Turquie, qui veut sa part de la manne, est tentée de renforcer sa présence militaire en Méditerranée orientale.

79

Pourquoi la frontière entre la Turquie et l'Arménie est-elle fermée ?

La frontière entre la Turquie et l'Arménie (270 km) est entièrement fermée depuis 1993. C'est le résultat d'une série de contentieux bilatéraux historiques que les deux pays n'ont pas surmontée.

La fixation de la frontière elle-même fut compliquée. Les Arméniens formaient avant les persécutions de 1915 une communauté d'1,5 à 2 millions de personnes dans l'Empire ottoman, essentiellement concentrée à l'est de l'Anatolie. Une éphémère république d'Arménie prit forme après le traité de Sèvres en 1920, mais tomba très vite dans le giron de l'URSS. Les bolcheviks abandonnèrent alors à Mustafa Kemal une partie des territoires de peuplement arménien. Le tracé actuel de la frontière frustre certains : en dessous du mémorial du génocide à Erevan sont ainsi érigées douze stèles représentant les « douze provinces perdues d'Arménie occidentale ».

L'Arménie soviétique n'est devenue indépendante qu'en 1991 et ses relations avec la Turquie se sont rapidement envenimées avec le conflit du Haut-Karabagh.

Cette région majoritairement peuplée d'Arméniens, mais intégrée par les Soviétiques à l'Azerbaïdjan turcophone, connaît un mouvement séparatiste qui dégénère en conflit ouvert en 1988. Un cessez-le-feu prévaut depuis 1994, sans règlement de paix. Erevan a apporté son appui armé aux séparatistes arméniens ; la Turquie, qui soutient la partie azérie, a gelé ses relations diplomatiques avec l'Arménie, fermé la frontière et imposé un blocus économique.

L'Arménie est très affectée par ce blocus. Coincée entre la Turquie et l'Azerbaïdjan, elle n'a d'accès immédiat à l'extérieur que par la Géorgie et l'Iran. Son économie survit sous perfusion de la Russie, qui assure aussi officiellement l'intégrité de son territoire ; l'armée russe patrouille le long de la frontière turco-arménienne. Un faible trafic indirect de marchandises se maintient avec la Turquie, alimenté par des bus qui contournent la frontière ; il existe également une liaison aérienne directe entre Istanbul et Erevan, symbole de l'ambivalence d'une situation dont personne ne sait comment sortir.

Ahmet Davutoğlu, poursuivant son objectif de « zéro problème avec les voisins », a tenté de régler la situation par la « diplomatie du football » : deux matchs de qualification de la coupe du monde ont servi en 2008 de prétexte à un rapprochement, débouchant en 2009 sur des protocoles de réconciliation turco-arméniens. L'accord a provoqué l'ire d'une partie de la diaspora arménienne et l'inquiétude de l'Azerbaïdjan, et n'a finalement été ratifié par aucune des deux parties.

Au printemps 2014, un an avant le centenaire du génocide, des rumeurs ont encore fait état d'une volonté de Tayyip Erdoğan d'ouvrir la frontière. Aujourd'hui, tout apparaît bloqué et la montée des tensions régionales dans le Caucase n'augure pas de progrès significatifs à court terme.

80

Quelles relations la Turquie entretient-elle avec les États-Unis ?

La relation turco-américaine est étroite et compliquée, fondée sur des intérêts stratégiques qui évoluent rapidement, dans un climat bilatéral difficile.

Les Turcs ont rejoint le camp occidental après la Seconde Guerre mondiale et profité des largesses américaines pendant la guerre froide. Bénéficiaires du plan Marshall, membres de l'OTAN à partir de 1952, ils ont joué leur rôle de rempart oriental face au camp soviétique. Les États-Unis ont aussi soutenu d'emblée la vocation européenne de la Turquie, tout en suivant avec attention ses péripéties politiques internes. La gauche et les nationalistes turcs accusent d'ailleurs régulièrement la CIA d'avoir orchestré les coups d'État militaires qui ont secoué le pays. L'intervention turque à Chypre (1974) a causé le seul refroidissement temporaire de la période entre les deux alliés.

La donne a changé avec la chute de l'URSS, qui a libéré Ankara de son rôle de sentinelle du monde libre. Le 11 septembre 2001 a achevé de transformer la perception américaine : les néoconservateurs considèrent désormais la Turquie comme un pays pivot, qui doit assumer une mission de médiation entre l'Occident et le monde islamique. Elle devait donc être un partenaire indispensable pour la réforme du Moyen-Orient entreprise par l'administration Bush. Mais en mars 2003 le Parlement turc a refusé aux troupes américaines le passage terrestre vers l'Irak ; ce coup de semonce a durablement frappé les esprits à Washington.

Depuis ce moment, Ankara cherche ses marques face aux États-Unis, Tayyip Erdoğan s'efforçant de rehausser son statut par des démonstrations d'indépendance. L'appui de la Turquie est toujours essentiel dans un Moyen-Orient qui s'embrase, mais les Turcs y poursuivent des objectifs nationaux que les Américains peinent à intégrer dans leur propre vision. Les ambiguïtés d'Ankara sur les dossiers syrien et irakien compliquent notamment les calculs : marchandages autour de l'usage de la base d'İncirlik[1], tensions autour du rôle des combattants kurdes de Syrie, alliés des Américains et honnis des Turcs, divergences turco-irakiennes, rapprochement avec Moscou posent autant de problèmes.

La relation entre Tayyip Erdoğan et Barack Obama, excellente au départ, s'est détériorée au fil du temps. Washington s'est inquiété de la dérive autoritaire du régime, tandis que les sondages confirmaient l'antiaméricanisme chronique de l'opinion turque. Un vieux contentieux s'est envenimé en 2016 : la Turquie

1. Voir la question 88, « À quoi sert la base militaire d'İncirlik ? », p. 233.

demande l'extradition de Fethullah Gülen, réfugié dans le New Jersey depuis vingt-cinq ans et déclaré responsable du *putsch* manqué du mois de juillet. Donald Trump semble mieux disposé que son prédécesseur à cet égard.

81

Quel est le rôle de la Turquie dans l'OTAN ?

La Turquie a adhéré à l'OTAN en 1952, en pleine guerre froide, la même année que la Grèce. Il s'agissait à l'époque pour les États-Unis d'établir un cordon sanitaire anticommuniste aux frontières de l'Europe. La Turquie pouvait bloquer l'accès de la Méditerranée à l'URSS et servir de base de lancement pour les armes nucléaires américaines ; elle devait aussi faire barrage à l'influence soviétique au Moyen-Orient.

La révolution khomeyniste de 1979 en Iran, la chute du mur de Berlin dix ans plus tard puis le tournant du 11 septembre 2001 ont transformé la donne géopolitique. L'OTAN a perdu sa principale vocation – contrer le pacte de Varsovie, mais assume d'autres missions pour lesquelles l'ouverture turque sur le Moyen-Orient est un atout. Sous l'AKP, la Turquie met en avant sa spécificité d'unique membre musulman de l'Alliance. L'adhésion de l'Albanie en 2009 a eu raison de cette particularité, mais la géographie rend la contribution d'Ankara indispensable dans bien des cas. La Turquie a servi de plateforme logistique pendant les deux guerres du Golfe ; elle a participé aux opérations de l'OTAN en Afghanistan, au Liban, en

Bosnie et au Kosovo ; elle est entrée dans le système de bouclier antimissiles face à l'Iran.

Le dialogue entre la Turquie et ses alliés est en même temps toujours émaillé de crises. Le dossier chypriote et les relations gréco-turques restent des points sensibles. Le refus d'Ankara d'autoriser le passage terrestre des troupes américaines vers l'Irak en 2003 a rappelé que le pays peut marchander son engagement, et la population turque est toujours méfiante à l'égard d'une organisation perçue comme étant à la solde des États-Unis.

L'imbrication politique et matérielle est néanmoins tangible. Le territoire turc abrite de nombreuses installations de l'Alliance ou utilisées par elle : stations radars, bases de lancements de missiles, base aérienne d'İncirlik, centre de commandement terrestre à Izmir et autres centres d'opérations. L'armée turque est la deuxième de l'OTAN en effectifs après les États-Unis : plus de 500 000 militaires d'active (dont plus de 300 000 conscrits), assez bien équipés et entraînés.

La crise syrienne met à nouveau l'Alliance sous tension. La Turquie est en première ligne et le principe de solidarité prévaut : des missiles Patriot ont été déployés préventivement par l'OTAN à la frontière turco-syrienne dès 2014. La Turquie bénéficierait en cas d'agression de la clause de protection mutuelle prévue par l'article 5 du traité de l'Atlantique nord. Mais le rapprochement turco-russe de l'été 2016 ouvre une brèche dans l'unité politique de l'organisation : d'aucuns se demandent si les choix diplomatiques de la Turquie sont encore compatibles avec son appartenance à l'OTAN.

82

Quelle est l'importance de la relation turco-allemande ?

Le dialogue entre Angela Merkel et Recep Tayyip Erdoğan tient l'Europe en haleine depuis la fin de l'année 2015. La chancelière allemande voit la Turquie comme un allié essentiel pour avancer sur le dossier des réfugiés syriens. Elle s'appuie sur la relation très forte qu'entretiennent les deux pays, héritage d'une proximité historique construite en trois temps.

C'est à la fin du XIXe siècle que l'Empire ottoman finissant se rapproche de l'Empire allemand naissant, pour des raisons stratégiques. Le *Kaiser* Guillaume II, qui fera trois fois le voyage à Constantinople, prête main-forte aux derniers sultans ottomans pour moderniser leur armée. Les instructeurs et le matériel prussiens servent à plus long terme la pénétration économique allemande – en témoigne la construction du chemin de fer Berlin-Baghdah-Bahn, qui restera inachevé, dont subsistent à Istanbul les gares de Sirkeci et Haydarpaşa. De nombreuses missions archéologiques allemandes fouillent en Anatolie et au Levant ; elles légueront aux musées de Berlin des trésors d'art moyen-oriental.

La déroute ottomane en 1918 et la fondation de la république distendent les liens. Tenté de se rapprocher d'Hitler – un traité d'amitié turco-allemand est encore signé en juin 1941 –, Atatürk choisit finalement la neutralité, avant de déclarer la guerre aux nazis sur le fil, en février 1945.

La deuxième phase de rapprochement repose sur des intérêts économiques. En 1961, un traité bilatéral organise l'importation de main-d'œuvre turque en Allemagne pour servir le *Wirtschaftswunder*[1] de l'après-guerre. La communauté de citoyens turcs ou d'origine turque qui découle de ce flux migratoire compterait aujourd'hui entre 3 et 5 millions de personnes. Leur intégration n'a pas été simple, dans une société allemande longtemps régie par le droit du sang. Un migrant turc sur trois a désormais la nationalité allemande ; le mouvement de naturalisation s'est ralenti avec l'interdiction de la double nationalité par Berlin. Une culture mixte turco-allemande est née, et l'insertion progressive dans le paysage politique de descendants des immigrés des années 1960, tel Cem Özdemir, actuel président du parti des Verts, confirme de réelles avancées.

Aujourd'hui le troisième temps est celui des intérêts politiques. L'Allemagne est le premier partenaire de la Turquie et veut renforcer dans l'urgence une relation jusqu'ici très prudemment gérée. Angela Merkel négocie directement avec Tayyip Erdoğan les termes d'un accord pour faire face au flux des réfugiés syriens. La chancelière devient ainsi paradoxalement le porte-parole de l'adhésion turque à l'Union européenne, alors qu'elle y est personnellement hostile, et que l'opinion allemande est de plus en plus sensible à la dérive répressive du régime turc.

1. Miracle économique.

83

Qu'est-ce que la relation Turquie/Israël a de particulier ?

Israël et la Turquie sont passés en quelques années d'une grande relation d'amitié à une brouille totale, avant de se réconcilier en 2016 sans avoir vraiment réglé le fond de leurs différends. Cette instabilité pourrait poser problème aux deux partenaires : leur rapport est en effet éminemment stratégique et s'inscrit dans une perspective régionale en dégradation rapide.

Ces deux pays partagent un sentiment d'exception au Moyen-Orient, puisqu'ils y sont les seules puissances régionales non arabes avec l'Iran. De plus, la Turquie a longtemps joué le rôle particulier de seul ami musulman de l'État hébreu. Elle a reconnu officiellement son existence dès 1950, maintenant par la suite un lien qui a connu des hauts et des bas en fonction du conflit israélo-arabe. Les progrès du processus de paix avec les Palestiniens ont permis un rapprochement significatif : un partenariat stratégique a été ébauché en 1996, comprenant un accord de coopération militaire et d'échange de haute technologie, et ouvrant l'espace aérien turc aux exercices israéliens.

L'arrivée au pouvoir de l'AKP, parti qui se réclame de la famille politique islamiste, a nettement compliqué le tableau. Les rapports sont restés au beau fixe dans un premier temps, Israël entrant dans la zone de travail du « Zéro problème avec les voisins » d'Ahmet Davutoğlu[1], alors ministre des Affaires étrangères ; la Turquie a même brièvement servi de médiateur pour la reprise de pourparlers de paix bilatéraux entre Israël et la Syrie. Mais l'ambition néo-ottomane de *leadership* sunnite régional des Turcs peine à intégrer Israël dans un schéma cohérent. Le désaccord s'est logiquement noué à partir de 2008 sur la question palestinienne, dossier délaissé par les puissances arabes et que Tayyip Erdoğan a pris personnellement en charge. En 2009, le Premier ministre turc, révolté par les opérations militaires israéliennes à Gaza, affronte violemment le président israélien Shimon Pérès au sommet de Davos. Au printemps 2010, un bateau turc, le *Mavi Marmara*, tente avec une « flottille de la liberté » de forcer le blocus maritime de Gaza ; les forces spéciales israéliennes donnent l'assaut et tuent neuf militants turcs.

Ankara rappelle son ambassadeur et pose trois conditions à la reprise de relations normales : des excuses officielles, une compensation financière et la levée du blocus de Gaza. Il a fallu l'intervention personnelle de Barack Obama, gêné par la brouille entre ses deux alliés, pour débloquer le dossier, et ce n'est qu'en 2016 qu'une Turquie diplomatiquement isolée consent à renouer les fils d'une

1. Voir la question 85, « Pourquoi parle-t-on de “modèle turc” pour le monde arabe ? », p. 226.

relation dont elle tire aussi profit économiquement. La réconciliation annoncée augure d'autres accords dans le domaine énergétique et apporte l'espoir d'un retour au moins partiel des touristes israéliens, qui avaient déserté la Turquie.

84

Qu'est-ce que la doctrine Davutoğlu ?

Le renouveau spectaculaire de la politique étrangère turque sous l'AKP est pour beaucoup imputable à un homme : Ahmet Davutoğlu, ancien professeur de relations internationales et longtemps éminence grise de Tayyip Erdoğan, dont la doctrine interventionniste *soft* a imposé la Turquie comme puissance sur la scène internationale.

Originaire de la pieuse cité de Konya, Davutoğlu a notamment enseigné dans une université islamique en Malaisie où il a rédigé une thèse défendant une interprétation islamiste des relations internationales. Son grand ouvrage, *Profondeur stratégique* (*Stratejik Derinlik*), présentait en 2001 une vision du système international dans la veine civilisationnelle du *Choc des civilisations* de Samuel Huntington. Davutoğlu réorganise le monde à partir de la Turquie, pays pivot par sa position géographique et son héritage culturel, qui doit retrouver son influence naturelle dans le voisinage et au-delà. Il faut pour cela concevoir une politique active « à 360 degrés » fondée sur le *soft power* : intensification des échanges économiques, relations politiques apaisées et médiations diplomatiques, diplomatie culturelle. Ce sont les bases du fameux « Zéro problème avec les voisins » qui a tenu lieu de devise à la Turquie pendant une bonne décennie.

Conseiller d'Erdoğan dès 2002, Davutoğlu devient ministre des Affaires étrangères en 2009 et peut mettre directement ses ambitions en pratique. Il tente alors de faire de la Turquie un acteur central sur tous les dossiers multilatéraux, à l'ONU, à l'OTAN, au FMI, et noue avec l'Union européenne un bras de fer latent accréditant l'idée que celle-ci ne joue pas franc-jeu avec son partenaire musulman. Il transforme l'appareil diplomatique turc, ouvrant des représentations dans ses nouvelles zones d'intérêts (Afrique, Amérique latine), ce qui lui permet de renouveler au passage les effectifs et la culture de cette bureaucratie traditionnellement kémaliste.

Le Moyen-Orient devient le terrain d'expérimentation privilégié de son « néo-ottomanisme ». Libye, Syrie, Irak ; autant de pays « amis » que les printemps arabes et l'irruption de Daech vont transformer considérablement, donnant finalement le signal du déclin. Se rêvant en chef de file des forces politiques sunnites, Davutoğlu, déjà brouillé avec Israël, table partout sur les Frères musulmans. Ses calculs idéologiques entraînent la Turquie dans le bourbier syrien, finissent par lui aliéner une partie des opinions arabes et par le brouiller avec la Russie.

Nommé Premier ministre en 2014, il entre ensuite dans un jeu de concurrence dangereux avec Tayyip

Erdoğan, désormais président. Défendant contre toute évidence une ligne politique contredite par les péripéties régionales, il tombe en disgrâce et finit renvoyé au mois de mai 2016. L'AKP peine depuis à se doter d'une vision diplomatique de rechange.

85

Pourquoi parle-t-on de « modèle turc » pour le monde arabe ?

L'éviction de Zine el Abidine Ben Ali du pouvoir en Tunisie, puis la chute de Hosni Moubarak en Égypte marquent en 2011 le début des « printemps arabes ». Des transitions révolutionnaires se profilent en cascade dans plusieurs pays d'Afrique et du Moyen-Orient, laissant les analystes et les diplomates occidentaux circonspects. Rapidement, les regards se tournent vers la Turquie, pôle d'activité diplomatique majeur dans la région.

Pourtant les autorités turques sont elles aussi prises de court : leur diplomatie d'influence économique et de médiation tous azimuts leur avait permis de nouer des bonnes relations avec la plupart des gouvernements secoués par la contestation. Leur première réaction est donc attentiste. Mais le débat politique renaissant dans le monde arabe les met rapidement en première ligne. Soucieux de se démarquer des références occidentales, les intellectuels en quête de nouveaux horizons politiques y avancent l'idée d'un « modèle turc ».

Ce modèle pourrait être celui de l'AKP : une démocratie musulmane apaisée, qui a su concilier légalité électorale, croissance économique, indépendance diplomatique et préservation de son identité nationale. Istanbul, à la fois pôle régional de culture et de consommation, est la capitale rêvée de cette puissance turque qu'on envie : les touristes arabes – et iraniens – s'y pressent en foule. Les forces politiques opposées à la montée des Frères musulmans dans la région songent cependant à un autre modèle : celui de la Turquie kémaliste, un pays laïque, dont les progrès démocratiques n'ont été possibles que sous la surveillance attentive de l'armée, érigée en rempart contre l'islamisme.

L'expression « modèle turc » a d'autres inconvénients que cette ambivalence. Elle a été popularisée par George Bush, instituant après le 11 septembre 2001 la Turquie comme intermédiaire indispensable entre un Occident menacé et un Moyen-Orient menaçant. Ce calcul pousse implicitement les Turcs vers l'Orient, tout en affirmant l'impossibilité du dialogue entre les Arabes et l'Occident.

La Turquie reste pendant quelques mois en tête des sondages de popularité au Moyen-Orient, exposée à la volatilité des opinions ainsi qu'à l'agacement des nouveaux nationalistes arabes. Ahmet Davutoğlu, alors ministre des Affaires étrangères, saisit la charge potentiellement négative du débat et martèle ne pas proposer de « modèle », mais une « source d'inspiration ». Les retournements de sa politique arabe (vis-à-vis de l'Égypte, en Syrie, avec les puissances du Golfe), puis la répression des manifestations de Gezi en 2013, achèveront de brouiller l'image : le « modèle turc » n'est plus la solution pour les Arabes.

86

Quelle est la politique de la Turquie en Syrie ?

La Turquie joue une partie importante sur le conflit syrien, qui est devenu le laboratoire de ses ambitions régionales. Le système d'action indirecte qu'elle a choisi à partir de 2011 a finalement débouché sur une intervention militaire à l'automne 2016.

La Syrie et la Turquie, qui partagent une frontière de près de 900 km, ont entretenu des relations houleuses pendant des décennies, compliquées par trois principaux contentieux : le partage des eaux de l'Euphrate – la Turquie pratique en amont des retenues d'eau problématiques pour ses voisins arabes ; le soutien du président syrien Hafez el-Assad au PKK dans les années 1990 ; et la question de Alexandrette/Hatay, dont l'annexion n'est toujours pas reconnue par la Syrie. En 2000, une transition s'est esquissée avec la mort de Hafez et l'arrivée de son fils Bachar aux affaires. L'AKP élargit au même moment les horizons de la politique extérieure turque, et le réchauffement turco-syrien se matérialise par plusieurs accords de coopération et un projet de marché commun du Levant.

Le début des troubles politiques en Syrie a pris les Turcs par surprise au printemps 2011. Dernier avatar des « prin-

La Turquie face à la crise syrienne

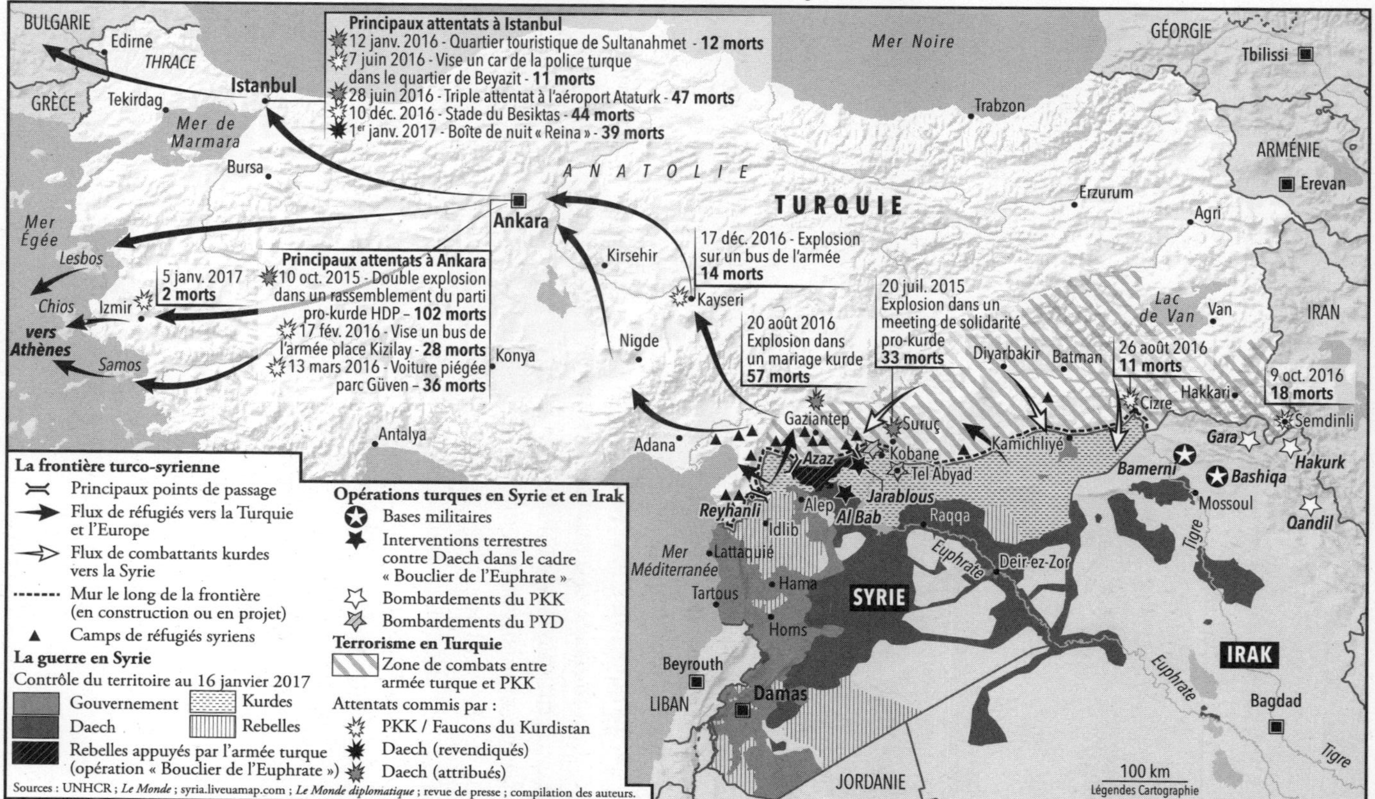

Sources : UNHCR ; *Le Monde* ; syria.liveuamap.com ; *Le Monde diplomatique* ; revue de presse ; compilation des auteurs.

temps arabes », la révolte anti-Bachar leur offre pourtant l'occasion de tenter un coup diplomatique. Dans un premier temps, ils essaient de convaincre le président syrien d'accélérer les réformes, tout en aidant l'opposition syrienne à s'organiser. Mais la rupture est vite consommée devant l'intransigeance du régime et la Turquie devient le grand ennemi de Bachar. Elle ouvre ses frontières aux civils syriens fuyant les combats, accueillant près de 3 millions de réfugiés à ce jour. Soutenant ouvertement l'armée syrienne libre, elle est également soupçonnée de fournir des armes à différents groupes djihadistes plus efficaces militairement et partageant une certaine proximité idéologique avec la mouvance AKP.

Cette politique d'intervention indirecte a des conséquences en Turquie même. Base arrière des opposants syriens, la frontière devient une zone de trafics intenses et d'insécurité. Plusieurs attentats perpétrés en Turquie sont attribués à l'organisation État islamique et Ankara finit par rejoindre, à l'été 2015, la coalition anti-Daech mise sur pied par les Américains. Les autorités turques s'inquiètent aussi de voir un parti kurde proche du PKK s'emparer de vastes territoires en Syrie, au moment où le conflit kurde reprend dans les provinces de l'est de la Turquie.

C'est principalement pour lutter contre cette menace kurde que les Turcs lancent l'opération armée Bouclier de l'Euphrate au nord de la Syrie en août 2016, se replaçant au centre d'un jeu confus et dangereux où se noue un nouvel antagonisme russo-américain. Désormais proche des Russes, et toujours pilier régional de l'OTAN, Tayyip Erdoğan revoit ses priorités : la destitution de Bachar ne figure plus en tête de l'agenda.

87

La Turquie joue-t-elle double jeu avec Daech ?

La Turquie a souvent été accusée d'ambiguïté à l'égard de l'organisation État islamique, ou Daech. L'extrême confusion du théâtre militaire et politique syro-irakien, la complexité de la politique étrangère turque et le manque d'informations fiables entretiennent le malaise.

L'histoire des relations entre l'AKP et Daech est pleine de zones de flou. Lorsque les djihadistes ont effectué une percée spectaculaire en Irak au printemps 2014, s'emparant de Mossoul et proclamant le califat dans la foulée, ils ont pris en otage les occupants du consulat turc et y ont installé leur QG ; en septembre, les cinquante-quatre otages ont tous été libérés en bonne santé, le gouvernement turc affirmant n'avoir fait aucune concession. Des images semblant accréditer des livraisons d'armes à des djihadistes ont ensuite fait surface ; les autorités turques ont organisé un *black-out* pour les empêcher de circuler, censurant les réseaux sociaux et traînant en justice le journal d'opposition *Cumhuriyet* pour les avoir diffusées. Des témoignages ont régulièrement signalé des allées et venues de combattants de Daech à la frontière turco-syrienne et leur présence dans des hôpitaux turcs où ils reçoivent des soins. Des intermédiaires turcs sont également impliqués dans les trafics qui ont permis à Daech de se financer en Syrie.

La principale interrogation porte ainsi sur le soutien délibéré, la négligence ou les accommodements partiels des autorités turques dans une myriade de décisions qui ont permis à Daech d'utiliser leur territoire comme base arrière – la Turquie n'étant pas la seule à avoir parié sur l'efficacité des groupes djihadistes pour vaincre Bachar el-Assad.

Entre laisser-faire et complicité active, la situation est devenue vraiment problématique pour les alliés des Turcs à partir de 2015, lorsque Daech s'est lancé dans une surenchère terroriste en Europe. Point de passage systématique des combattants islamistes vers la Syrie, la Turquie apparaît comme l'« autoroute du *djihad* ». Sommée de prouver son engagement contre Daech, elle a rejoint à l'été 2015 la coalition combattant celui-ci en Syrie et en Irak. C'est finalement lorsqu'elle a été frappée elle-même par des attentats qui semblent porter la marque de Daech, y compris à Ankara et Istanbul, que sa position s'est clarifiée : les rafles se multiplient depuis la fin 2015 contre de présumées cellules terroristes, confirmant que des militants et des recruteurs de l'État islamique sont installés depuis longtemps sur le territoire turc. Daech, qui avait déjà appelé à la conquête d'Istanbul, dénonce désormais régulièrement le gouvernement de l'AKP comme « mécréant » et appelle à intensifier les opérations contre ce nouvel ennemi.

88

À quoi sert la base militaire d'İncirlik ?

Construite par les Américains en 1951, la base aérienne d'İncirlik se situe près de la ville d'Adana, à une centaine de kilomètres au nord-ouest de la frontière syrienne. Son importance tient à sa situation géographique : mise en service à l'époque de la guerre froide, elle est à la fois proche du Moyen-Orient et de la Russie. Elle a été conçue comme poste de surveillance de l'Union soviétique, avant de devenir un centre de déploiement des opérations de l'OTAN au Moyen-Orient.

La Turquie est consciente de la valeur d'İncirlik, qui est considérée comme le baromètre du partenariat stratégique turco-américain : son utilisation fait l'objet de marchandages et a entraîné plusieurs fois des désaccords majeurs. Initialement régie par un accord de partage avec l'OTAN, la base repasse sous contrôle turc au moment de la crise chypriote en 1975. En 2003, le Parlement turc s'oppose à son usage pour l'opération militaire américaine en Irak, non avalisée par l'ONU mais soutenue par l'OTAN. Un arrangement ayant été trouvé, la base a finalement joué un rôle important pendant le conflit. Elle a aussi servi pour l'évacuation des troupes américaines du Liban lors de la guerre de 2006 entre Israël et le Hezbollah.

Un nouveau bras de fer a eu lieu au sujet des opérations de la coalition anti-Daech en 2014. La Turquie refusait initialement l'utilisation d'İncirlik pour des buts autres que logistiques et humanitaires, contraignant les bombardiers américains à décoller pour l'Irak et la Syrie depuis des bases plus éloignées, aux Émirats arabes unis, au Qatar, en Jordanie ou même à Diego Garcia dans l'océan Indien. Ce n'est qu'en juillet 2015 que les autorités turques ont effectivement élargi l'usage de la base aux frappes aériennes de la coalition. İncirlik abrite à l'heure actuelle des troupes, du matériel et des appareils américains mais aussi d'autres pays, comme la Grande-Bretagne, la France, l'Allemagne, le Danemark, l'Arabie Saoudite et le Qatar.

Disposant d'importantes capacités d'accueil et de longues pistes, İncirlik pourrait être le pivot d'un engagement renforcé de l'OTAN au Moyen-Orient. De façon contradictoire, la presse turque relaie parfois l'idée d'ouvrir les installations à la Russie. Une autre particularité a été mise en lumière en 2016 : c'est la seule base de l'OTAN abritant des armes nucléaires tactiques dans la région. Les États-Unis sont propriétaires de ces armes et en assurent eux-mêmes la sécurité. Précision d'autant plus importante qu'İncirlik a connu des troubles lors de la tentative de coup d'État de juillet 2016. La base se situe peut-être aujourd'hui en terrain instable.

89

Comment fonctionne la relation turco-iranienne ?

La Turquie et l'Iran sont voisins et héritiers d'empires qui se sont disputé la prééminence sur le Caucase, l'Asie centrale et le Moyen-Orient pendant des siècles. Leur relation, qui donne rarement lieu à de francs éclats, évolue entre rivalité et émulation.

La concurrence historique turco-iranienne est à la fois territoriale et culturelle : les Turcs incarnent un *leadership* sunnite qui se heurte au chiisme duodécimain adopté par les Perses. Shahs et sultans se sont longtemps fait la guerre mais les deux cultures se sont aussi fécondées : les grandes dynasties iraniennes safavides et qâdjârs (du XVIe au XXe siècle) étaient d'ascendance turque, et une forte minorité turcophone est toujours présente en Iran (les Azéris, 15 à 20 % de la population).

Au XXe siècle, la Turquie kémaliste et l'Iran de Reza Shah ont suivi des modèles idéologiques assez proches, mélange de nationalisme autoritaire et d'occidentalisme militant. La proximité perdure pendant la guerre froide, où les deux pays sont du côté occidental. C'est la révolution islamique iranienne qui rompt le lien en 1979 : l'Iran diverge désormais de l'Occident et se lance au Moyen-Orient dans une politique d'influence chiite qui brise les lignes.

La politique étrangère de l'AKP, sous couvert de bonnes relations, a finalement réveillé l'historique rivalité. Le rapprochement est d'abord à l'ordre du jour : l'Iran entre dans l'aire du « Zéro problème » turc et les échanges économiques sont multipliés par dix entre 2001 et 2012. Le gaz iranien offre un indispensable complément aux contrats russes et Ankara n'applique que partiellement les sanctions imposées à l'Iran. Davutoğlu tentera même sans succès, en tandem avec le Brésil, une médiation spécifique sur le dossier du nucléaire iranien en 2010.

Tous deux situés à la limite du monde arabe, l'Iran et la Turquie vont s'y opposer de nouveau après les printemps arabes. C'est en Syrie et en Irak que les divergences sont les plus problématiques : la Turquie s'active pour le départ de Bachar el-Assad, que les Iraniens soutiennent ; elle milite aussi pour contrer la chiisation accélérée de l'Irak, s'opposant à l'automne 2016 à l'avancée des milices chiites qui combattent Daech autour de Mossoul. La division *de facto* du Kurdistan irakien entre influence turque et iranienne se poursuit en parallèle.

La sunnisation de la politique étrangère turque repose par ailleurs sur une proximité affirmée avec l'Arabie Saoudite, ennemi numéro un de l'Iran. En dépit de toutes ces tensions, Téhéran a rapidement apporté son soutien au président Erdoğan après la tentative de coup d'État de 2016, et la chute d'Alep en décembre 2016 a finalement consacré l'émergence d'un triangle Russie-Turquie-Iran, appelé à régler l'avenir politique de la Syrie. Mais les désaccords sous-jacents persistent.

90

Où en sont les relations russo-turques ?

La rivalité géopolitique donne le ton des relations russo-turques. Si leur passé impérial a légué aux deux pays une bonne dose de méfiance mutuelle, leurs relations économiques sont importantes et le conflit syrien a permis un rapprochement qui tourne à l'avantage des Russes.

La Russie tsariste et l'Empire ottoman se sont fait la guerre pas moins de onze fois entre 1568 et 1914, pour le contrôle de territoires situés à leurs marges. Tout au long du XIXe siècle, les Russes ont encouragé la révolte des minorités chrétiennes placées sous le joug ottoman, tout en cherchant à s'assurer le passage dans les détroits du Bosphore et des Dardanelles. Les empires s'opposent pour la dernière fois pendant la Première Guerre mondiale, qui achève les anciens régimes. La Russie bolchevique est alors l'une des premières à reconnaître le gouvernement kémaliste et les jeunes États se rapprochent. Mais les relations se tendent à nouveau dès le début de la guerre froide au sujet des détroits, et la Turquie se range sous la bannière de l'OTAN. La fin de l'Union soviétique et l'indépendance des républiques turcophones d'Asie centrale ressusciteront enfin brièvement – sans succès – le rêve panturc.

Toutes deux imprégnées de nostalgie impériale, la Russie et la Turquie partagent en ce début de XXIe siècle une sensibilité de puissances alternatives. Situées au carrefour des continents, entretenant une relation compliquée avec l'Europe de l'Ouest, elles cultivent leur nationalisme renaissant. Leurs relations économiques se sont renforcées depuis dix ans, la Turquie fournissant infrastructures, biens de consommation courante et alimentaires à la Russie pétro-rentière. Celle-ci vend en retour aux Turcs près des deux tiers du gaz qu'ils consomment et les intègre dans sa planification stratégique des routes de l'énergie. L'entente économique se doublait jusqu'à la crise syrienne d'un dialogue politique minimal.

Ce rapport pacifié est mis en danger à partir de 2011 par le problème syrien : Tayyip Erdoğan souhaite le départ de Bachar el-Assad, que Vladimir Poutine soutient. La situation se tend dangereusement avec l'intervention militaire russe en Syrie en 2015. Après plusieurs violations de son espace aérien, l'armée turque abat en novembre un avion russe à sa frontière, et l'un des deux pilotes est exécuté par des rebelles turkmènes. Vladimir Poutine crie à l'amitié trahie et décrète des sanctions contre la Turquie, qui en appelle de son côté à la solidarité de l'OTAN. Les frictions russo-turques deviennent alors l'un des facteurs les plus explosifs de la poudrière syrienne.

Après six mois de brouille complète, Tayyip Erdoğan présente ses excuses à la Russie en juin 2016. Le *putsch* raté du mois de juillet est l'occasion d'une démonstration d'amitié appuyée de Vladimir Poutine à son homologue turc. La Turquie change alors progressivement de cap en Syrie : elle laisse les mains libres aux Russes qui appuient la reconquête de Bachar, et se concentre sur la lutte contre les Kurdes syriens. L'OTAN observe avec une certaine inquiétude cette nouvelle alliance informelle russo-turque, que vient compléter l'Iran.

91

Pourquoi la Turquie s'entend-elle mieux avec les Kurdes qu'avec les Arabes en Irak ?

Le territoire de l'Irak actuel a fait partie de l'Empire ottoman de 1534 à 1920. Ce passé inspire de façon évidente une diplomatie turque saisie par une nouvelle volonté d'influence.

L'Irak ottoman n'a jamais été très stable. Travaillé par de fréquentes révoltes tribales, il a été découpé au XIXe siècle en trois provinces (les *vilayet* de Mossoul, Baghdad et Bassorah), permettant un contrôle plus étroit. Les Britanniques y ont combattu les troupes ottomanes pendant la Première Guerre mondiale et le Royaume-Uni a obtenu avec le traité de Sèvres un mandat sur la « Mésopotamie », unifiant les provinces en un État. Turcs et Britanniques continuèrent de se disputer le contrôle de Mossoul jusqu'en 1925 – Mustafa Kemal renonçant à cette région riche en pétrole en échange d'une compensation financière. L'Irak et la Turquie partagent dès lors une frontière longue de 352 km, qui court le long des zones kurdes.

Les interactions entre les deux pays sont faibles jusqu'au début des années 1990, la première guerre du Golfe marquant le début des ingérences turques. Les révoltes chiites et kurdes qui suivent l'intervention alliée de 1991 en territoire irakien entraînent une instabilité problématique. L'autonomisation progressive du Kurdistan d'Irak inquiète Ankara, car elle risque d'encourager le sécessionnisme kurde en Turquie même. Si les Turcs accueillent des réfugiés kurdes qui fuient les persécutions de Saddam Hussein, ils s'autorisent aussi des incursions armées en territoire irakien pour y poursuivre des combattants du PKK.

La consolidation en Irak d'un pouvoir à dominante chiite après la deuxième guerre du Golfe marque un nouveau tournant. La Turquie de l'AKP se rêve dans les années 2000 en puissance protectrice des sunnites à l'échelle régionale. Ses rapports sont exécrables avec le gouvernement chiite de Nouri al-Maliki, qui marginalise la minorité sunnite irakienne et se rapproche de l'Iran. Le ministre turc des Affaires étrangères, Ahmet Davutoğlu, construit alors une alliance de revers avec le Gouvernement régional du Kurdistan d'Irak (GRK). La complicité avec le maître du GRK, Massoud Barzani, est précieuse : elle dérange le gouvernement central de Baghdad et permet de poursuivre la lutte contre le PKK, qui a établi sa base arrière dans les monts Qandil, à la frontière Irak-Iran.

L'irruption de Daech sur le théâtre irakien en 2014 confirme cette proximité avec Erbil au détriment de Baghdad. Les Turcs envoient des troupes au nord de Mossoul au prétexte de protéger la minorité turkmène et tentent à l'automne 2016 d'imposer leur participation à l'offensive de la coalition anti-Daech, contre le souhait du gouvernement irakien. La tension bilatérale entre le Premier ministre irakien Haïdar al-Abadi et Recep Tayyip Erdoğan est à son comble, contraignant Washington à un effort de médiation.

92

L'État turc peut-il venir à bout du PKK ?

Le Parti des travailleurs du Kurdistan mène des opérations contre l'État turc depuis 1984, dans le cadre de ce qu'il proclame être une lutte de libération nationale kurde. Les combats opposent des représentants des forces de l'ordre turques (police, gendarmerie, autres corps de l'armée) aux « soldats » du mouvement kurde. On estime à plus de 40 000 morts les pertes humaines entraînées par cette guerre civile larvée, qui a eu des retombées massives sur la population des régions concernées. Attentats à répétition, guerre de guérilla prenant les civils en otage, destructions de villages entiers : la terreur organisée du PKK et la politique de la terre brûlée menée en représailles par l'armée turque ont dramatiquement isolé et appauvri le sud-est du pays pendant la décennie noire des années 1990.

L'arrestation par les autorités turques d'Abdullah Öcalan, fondateur et *leader* charismatique du PKK, a porté un coup dur à l'organisation en 1999 et nettement réduit sa capacité de mobilisation. Les escarmouches armées se sont cependant poursuivies jusqu'à l'ouverture officielle d'un processus de paix en 2013. Tayyip Erdoğan, qui cherche à attirer à lui un électorat kurde passablement déboussolé, présentait alors le règlement pacifique de la question kurde comme une priorité. L'effort politique a été de courte durée : les affrontements ont repris à l'été 2015 et le gouvernement a déclaré vouloir éradiquer le PKK, tandis que ce dernier annonce qu'il portera le combat dans tous les centres urbains en Turquie. Les forces turques mènent à nouveau une guerre sans merci dans le Sud-Est, qui leur a coûté des centaines de morts, causé des destructions considérables et beaucoup de pertes civiles.

La tâche sera difficile pour l'État turc. Le PKK a toujours pu compter sur la sympathie d'une partie des Kurdes, excédés de voir leur désir de reconnaissance bafoué et las de supporter les aléas d'une législation antiterroriste inique ; mais la sévérité de l'offensive turque, qui frappe lourdement les populations de l'Est, sème le doute sur la stratégie de fond du PKK. Sa légitimité politique reste forte parmi la diaspora kurde d'Europe, en Allemagne, en France ou en Suède, et son assise s'est consolidée au Moyen-Orient. Disposant toujours de bases arrière au Kurdistan irakien, le PKK y a participé de façon décisive aux combats contre Daech. Son parti frère en Syrie, le PYD, y affronte aussi efficacement les groupes islamistes et bénéficie de l'appui américain. Le PKK est aujourd'hui une organisation puissante, qui a su mettre à profit le chaos régional pour se renforcer.

FRANCE ET UNION EUROPÉENNE

93

Pourquoi y a-t-il des francophones en Turquie ?

La Turquie ne fait pas partie de la francophonie officielle. Elle compte pourtant plusieurs centaines de milliers de francophones, et ses vieilles élites restent encore largement imprégnées de culture française, entretenant avec la France un lien quasi sentimental qui passe par des hauts et des bas au gré du climat politique.

Jusqu'au XIXe siècle, les Ottomans n'apprenaient guère les langues étrangères ; ils communiquaient avec les puissances qui les courtisaient *via* des interprètes (les *drogmans*). C'est l'inversion du rapport des forces qui a permis la pénétration du français dans un empire en quête de modernisation. À la fin du XVIIIe siècle, l'arrivée d'experts en armement entraîne l'adoption du français comme langue obligatoire à l'École du génie militaire de Constantinople. Le français s'impose progressivement dans l'administration : c'est la langue de travail du ministère des Affaires étrangères à partir de 1854 ; l'Administration de la dette ottomane, les Chemins de fer parlent français. En 1868, la fondation du lycée francophone de Galatasaray marque aussi une étape essentielle pour la formation des élites administratives ottomanes.

Le français devint alors la *lingua franca* de l'empire, qui était une construction multiethnique et multilinguistique ; les ottomanistes songeaient même à en faire la langue de la « nation » ottomane. Les communautés levantines d'Istanbul, d'Izmir ou de Salonique étaient au cœur de cette dynamique ; la communauté juive était massivement francophone. La presse de langue française, vivace, lançait les grands débats. L'empreinte du français reste présente depuis cette époque dans la langue turque elle-même : du *palto* (pardessus) au *bisküvi* (biscuit), même en disant *mersi* (merci), on parle français en Turquie sans le savoir avec près de cinq mille mots.

La francophilie de la république kémaliste a préservé une partie de cet héritage linguistique et culturel. Les écoles congréganistes françaises ont joué pour cela un rôle essentiel, avec des institutions réputées comme les lycées Saint-Joseph, Notre-Dame-de-Sion, Saint-Michel, Saint-Benoît et Sainte-Pulchérie à Istanbul, Saint-Joseph à Izmir. Une université franco-turque, Galatasaray, a ouvert ses portes en 1992. Ce dispositif d'enseignement continue d'attirer aujourd'hui la bourgeoisie turque. On trouve aussi, surtout à Istanbul, des librairies, des bibliothèques et des associations françaises.

Cependant, comme partout ailleurs, la langue française cède du terrain face aux progrès de l'anglais. Les locuteurs vieillissent et le niveau baisse. Les nouvelles élites propulsées par l'AKP sont plutôt anglophones – parfois germanophones ; mais la France compte encore beaucoup de fidèles parmi les intellectuels démocrates et libéraux.

94

Qui sont les Turcs de France ?

On recense en France environ 600 000 Turcs et descendants de Turcs. À la fin du XIXe siècle, la France était déjà le point de ralliement d'une élite cultivée francophone mais les vrais flux datent de la seconde moitié du XXe siècle : la signature en 1965 d'un accord bilatéral d'importation de main-d'œuvre a encouragé l'émigration économique ; puis de nombreux réfugiés politiques, militants de gauche et Kurdes, sont arrivés après le coup d'État de 1980.

La communauté se caractérise par sa diversité ethnique et culturelle, que restitue l'expression consacrée de migrants « originaires de Turquie » (*Türkiye'li*). Elle a longtemps été morcelée en microgroupes, en fonction de l'origine géographique ou des affinités culturelles (Kurdes et Turcs vivant à part), ou par tendance politique. L'opposition classique entre la gauche militante et la droite nationaliste, jusqu'aux Loups gris, se dilue depuis l'émergence de l'AKP, qui constitue désormais un pôle de rassemblement pour la moitié des Turcs de France : le parti y a recueilli plus de 56 % des votes lors du scrutin législatif de novembre 2015 (27 % pour le HDP).

Les immigrés venus de Turquie sont surtout installés dans l'est de la France (Alsace et Lorraine), en région parisienne, dans l'agglomération lyonnaise et à Marseille. Leur intégration se fait par l'insertion économique – ce sont les immigrés les plus créateurs d'entreprises, mais ils conservent aussi un fort sentiment identitaire, en partie lié à leur pratique religieuse. Tayyip Erdoğan les met régulièrement en garde contre le « danger » de l'assimilation, tout en encourageant la participation politique : il y a en France de plus en plus d'élus locaux originaires de Turquie.

Parmi les personnalités issues de la communauté turque, ayant vécu ou vivant en France, on peut notamment mentionner des artistes, tels les romanciers Kenize Mourad et Nedim Gürsel, le plasticien arménien Sarkis ; les sœurs Ece et Ayşe Ege, créatrices de la marque de vêtements Dice Kayek ; l'actrice Alice Sapritch (née à Istanbul sous l'Empire ottoman, d'origine arménienne) ; le musicien Kudsi Ergüner, joueur de ney et maître de la tradition soufie ou le DJ Dimitri from Paris ; le réalisateur Henri Verneuil (Achod Malakian, également arménien), le cinéaste kurde engagé Yılmaz Güney, et, plus près de nous, Deniz Gamze Ergüven, réalisatrice du très remarqué *Mustang*, qui a représenté la France aux Oscars en 2016. Le journaliste Gökşin Sipahioğlu a fondé à Paris l'agence de *photonews* Sipa Press en 1973. Des personnalités politiques également, tel le poète et résistant communiste arménien Missak Manouchian, fusillé au mont Valérien en 1944, qui figure sur la fameuse « affiche rouge » ; l'ancien Premier ministre Édouard Balladur, issu d'une famille smyrniote arménienne, ou l'universitaire et sénatrice des Verts Esther Benbassa, de famille juive stambouliote.

95

La France et la Turquie sont-elles alliées ?

Toute visite bilatérale officielle entre Turcs et Français commence invariablement par le rappel de l'alliance conclue au XVIe siècle entre François Ier, roi de France, et Soliman le Magnifique, sultan ottoman. Le rapprochement entre la France catholique et le souverain musulman, pour prendre Charles Quint à revers, avait fait scandale à l'époque : pour la première fois en Occident, l'intérêt de l'État l'emportait sur la communauté de religion. Cinq cents ans plus tard, cette relation fondée sur un savant équilibre des forces reste solide, même si elle connaît des phases de forte tension.

Dès 1536, la France possédait une ambassade permanente à Constantinople, dans le quartier de Galata. Les « Capitulations » offraient aux navires battant pavillon français la libre circulation dans les eaux ottomanes et le privilège de commercer avec l'empire. Les intérêts économiques se sont ensuite développés de façon spectaculaire : à la veille de la Révolution, la France contrôlait les trois cinquièmes du commerce total de l'Empire ottoman ; en 1914, 40 % des titres de la dette ottomane étaient détenus par des Français. La France reste aujourd'hui pour les Turcs un partenaire économique majeur, sixième client et fournisseur, sixième investisseur.

La francophilie des Jeunes-Turcs est connue. La Turquie était depuis le XIXe siècle un pays de francophonie ; ses premières élites républicaines ont généralement été éduquées dans des écoles françaises[1]. La république kémaliste, laïque et jacobine, a longtemps été considérée comme une sœur jumelle par les Français, et comptait des admirateurs – Philippe Séguin conservait un portrait d'Atatürk dans son bureau.

Cet arrière-plan historique et culturel est essentiel pour la relation franco-turque, qui se déploie désormais dans deux cadres multilatéraux : l'OTAN et l'Union européenne. La question européenne a fondamentalement changé la dynamique franco-turque car le poids de la France au sein de l'Union européenne lui confère une influence particulière sur le processus d'adhésion. Le quinquennat de Nicolas Sarkozy, qui était opposé à la candidature turque, correspond à une période de fortes tensions bilatérales émaillées d'éclats rhétoriques. Le calme est revenu avec François Hollande, malgré un contentieux persistant au sujet du génocide arménien, qui cause encore des crises diplomatiques à répétition.

Depuis quelques années, c'est le Moyen-Orient qui rapproche les deux pays. Les Français se sont accommodés du retour des Turcs dans le périmètre, au point que la crise syrienne est devenue un terrain de travail en com-

1. Voir la question 93, « Pourquoi y a-t-il des francophones en Turquie ? », p. 249.

mun pour les deux pays, qui ont tôt soutenu l'opposition au régime et se sont prononcés pour le départ de Bachar el-Assad. Les volte-face diplomatiques turques qui se sont multipliées en 2016 ne facilitent pas la coopération, mais la France reste solidaire d'Ankara pour au moins deux raisons essentielles : la lutte antiterroriste et la gestion du problème des réfugiés sont devenues prioritaires.

96

Peut-on parler de « négociations d'adhésion » ?

L'expression « négociation d'adhésion » à l'Union européenne est trompeuse. Elle recouvre en réalité un processus extrêmement balisé, qui consiste pour le pays candidat à adapter son droit intérieur à la réglementation européenne dans un certain nombre de domaines. C'est ce qui se passe avec la Turquie depuis 2005.

Les domaines concernés sont listés dans trente-cinq chapitres, qui sont ouverts après une évaluation permettant de déterminer si le pays candidat est prêt à effectuer les réformes nécessaires. L'ouverture des chapitres se fait à l'unanimité des États membres de l'Union européenne et la clôture suit la même procédure lorsque le pays est à jour de l'« acquis communautaire ». L'avancée des réformes fait l'objet d'un rapport annuel publié par la Commission européenne. À ce jour, un seul chapitre (« Science et recherche ») a été refermé pour la Turquie. L'évaluation initiale de la commission a identifié six chapitres qui seront très difficiles à adopter en l'état actuel de la législation turque ; douze autres demanderont « des efforts considérables ».

Ankara se dit victime d'un système à « deux poids, deux mesures », se comparant à d'autres pays ayant rejoint récemment l'Union européenne et dont l'adhésion aurait été plus facile – la Croatie a entamé le processus en même temps que la Turquie et est devenue membre en 2013. La relation étant très cadrée du point de vue juridique, l'usage même du terme « négociations » entraîne en fait un malentendu. Vu depuis Ankara, le rapprochement avec l'Union européenne est un échange où chacun peut et doit faire des concessions, et le cas turc doit être traité différemment, car c'est un grand pays. Un ancien ministre turc des Affaires européennes avait ainsi fait concevoir un logo où se côtoyaient un drapeau turc et un drapeau européen dont les étoiles étaient disposées en croissant. Le ministre expliquait ce symbole par une dynamique réciproque : « La Turquie doit changer l'Union européenne autant que l'Union européenne doit changer la Turquie[1]. » De même, le gouvernement turc a plusieurs fois clamé sa capacité à ouvrir et fermer seul des chapitres de son point de vue injustement bloqués.

La frustration née du blocage est effectivement énorme, et la rhétorique de la « négociation » tend à éroder l'arrière-plan de droit. Cependant il est clair que la bureaucratie européenne dispose d'une certaine marge de manœuvre pour évaluer la reprise de l'acquis communautaire. L'ouverture des chapitres elle-même dépend

1. Egemen Bağış, « La relation franco-turque dans le contexte européen », conférence, Institut français des relations internationales, 21 février 2013.

des équilibres entre les différents pays de l'Union européenne : le poids de certains États membres (Allemagne, France) pour organiser ou défaire un consensus face à la Turquie est essentiel. Au fil du temps, l'interaction Union européenne-Turquie s'est indéniablement politisée.

97

La Turquie fera-t-elle un jour partie de l'Union européenne ?

La Turquie manifeste son intérêt pour la construction européenne depuis longtemps. Membre fondateur du Conseil de l'Europe, Ankara a signé avec la Communauté économique européenne un « traité d'association » dès 1963, qui mentionnait, au-delà de l'objectif de l'union douanière (réalisée en 1996), la perspective de l'adhésion pleine et entière.

Les dynamiques internes turques, entre instabilité politique et stagnation économique, ont ensuite sérieusement ralenti cet élan européen. Il a fallu attendre 1999 pour que l'Union européenne reconnaisse à la Turquie le statut de candidat à part entière. On considère alors qu'elle remplit les fameux « critères de Copenhague », qui entérinent la convergence des valeurs politiques et des règles économiques essentielles, et la capacité du pays à adhérer « aux objectifs de l'union politique, économique et monétaire ».

Les négociations d'adhésion proprement dites ont été entamées en 2005 et piétinent depuis 2006. Seize des trente-cinq chapitres de la négociation ont été ouverts à ce jour, et un seulement bouclé. Plusieurs raisons expliquent ce blocage. La division de Chypre pose un premier problème juridique pratiquement insoluble, puisque la Turquie ne reconnaît pas un État qui est devenu membre de l'Union européenne. La capacité et la volonté de l'équipe AKP de mener les réformes nécessaires pour adhérer est aussi de plus en plus problématique. En face, le camp européen est de moins en moins enthousiaste sur la finalité du processus. Alors que les gouvernements ont toujours joué le jeu, les opinions européennes sont majoritairement opposées à l'adhésion turque. Le sujet devient un enjeu électoral de plus en plus important : les partis politiques sont sommés de se prononcer pour ou contre l'adhésion, sur fond de montée d'un sentiment anti-islam.

L'impasse est manifeste à partir de 2013. La répression du mouvement de contestation de Gezi a suscité de nombreuses critiques de la part des Européens et le dialogue tourne à l'aigre. L'évolution autoritaire du régime turc et les ambiguïtés de sa politique étrangère entretiennent le malaise. Tayyip Erdoğan accuse en retour l'Union européenne d'hypocrisie et de racisme, affirmant que l'islamophobie aveugle les Européens.

Personne ne semble plus croire à l'adhésion, mais personne ne souhaite prendre le risque de rompre des négociations qui ont le mérite de canaliser une relation compliquée. Le cadre adopté en 2004 précise que « ces négociations sont un processus ouvert dont l'issue ne peut être garantie à l'avance » et « qu'elles dépendent de la capacité d'assimilation de l'Union, ainsi que de la capacité de la Turquie à assumer ses obligations ». Dans le cas contraire, elle devra être « ancrée dans les structures européennes par le lien le plus fort possible ».

98

Y a-t-il une alternative à l'Union européenne pour la Turquie ?

La procédure d'adhésion de la Turquie à l'Union européenne connaît des ratés depuis le départ. La montée des contentieux et des ressentiments mutuels rend faible la probabilité d'une adhésion dans la décennie à venir, et l'AKP est de plus en plus en colère contre l'Europe.

Pourtant, le sort de ces deux entités est fortement lié. Depuis l'entrée en vigueur de l'union douanière (1996), l'économie turque évolue dans une dynamique d'intégration de plus en plus étroite avec l'Union européenne, sur le plan commercial (plus de 40 % des échanges commerciaux turcs se font avec l'Union européenne) et financier (le déficit courant turc est essentiellement compensé par des capitaux européens). Sur la carte énergétique, la Turquie est le lieu de transit naturel des ressources de la mer Caspienne et du Moyen-Orient vers l'Ouest. Sur le plan stratégique, elle est un maillon transatlantique essentiel. Le paramètre dominant est l'appartenance à l'OTAN, mais les officiels turcs ont souvent affiché leur volonté de converger avec les efforts européens en matière de politique étrangère et de sécurité. L'apparition de Daech et la montée du terrorisme ont intensifié la coopération en matière de police et de renseignement.

Les deux parties admettent qu'elles n'ont pas intérêt à rompre la négociation : il faut maintenir un lien étroit qui formalise des obligations mutuelles. L'adhésion ne serait peut-être pas la seule solution : Angela Merkel et Nicolas Sarkozy ont tôt défendu l'idée d'un « partenariat privilégié », structuré autour d'une coopération économique et énergétique renforcée. Fin 2016, la Commission européenne se concentre à nouveau sur le renforcement de l'union douanière.

Chaque tension avec l'Union européenne active chez les Turcs la rhétorique du choix : Ankara affirme que l'Union européenne a plus besoin de la Turquie que l'inverse et parle de développer d'autres liens. Le retour du pantouranisme ayant fait long feu, la Turquie se rêve en *leader* du Moyen-Orient, mais ses efforts pour contrôler le chaos régional sont vains. Tayyip Erdoğan a aussi évoqué à plusieurs reprises la possibilité de rejoindre l'Organisation de coopération de Shanghai, qui rassemble la Russie, la Chine et plusieurs républiques centre-asiatiques. Enfin, le rapprochement bilatéral *express* entamé avec la Russie en 2016 ne comble la Turquie ni sur le plan économique, ni en matière de sécurité.

Les Turcs se sont approprié depuis plusieurs siècles un espace géographique et culturel intermédiaire qu'ils ont su ouvrir au monde, et la modernisation de leur pays s'accomplit depuis le XIXe siècle dans les pas de l'Europe. Le processus d'adhésion se situe dans cette continuité historique. C'est pourquoi la plupart des intellectuels libéraux turcs reprochent aujourd'hui à l'Union européenne de leur avoir claqué la porte au nez alors qu'ils estiment n'avoir pas d'autre issue positive que de devenir pleinement européens.

99

L'accord signé avec la Turquie sur les réfugiés a-t-il été efficace ?

L'Union européenne affronte depuis plusieurs années une hausse très importante des arrivées de migrants en provenance du Moyen-Orient et de la Méditerranée, dont un nombre croissant de Syriens chassés de leurs pays par la guerre. Depuis 2011 la Turquie a accueilli un nombre impressionnant de réfugiés syriens – près de 3 millions – et se plaint régulièrement d'être peu aidée par la communauté internationale pour gérer cette masse humaine. D'autres groupes fuyant l'Irak, l'Afghanistan ou le Pakistan transitent aussi par le pays.

À l'automne 2015, la chancelière Angela Merkel a annoncé être prête à accueillir un million de réfugiés syriens en Allemagne. Une partie des Syriens installés en Turquie s'est alors mise en mouvement vers l'Union européenne. Les pays des Balkans et de l'Europe centrale ont été débordés par le flux et plusieurs États ont rétabli provisoirement le contrôle à leurs frontières, tandis que l'on recensait des centaines de morts par noyade en mer Égée. Cette brusque pression migratoire a cristallisé un malaise politique latent, entraînant partout la montée de mouvements politiques xénophobes.

Pour limiter les arrivées, les États membres de l'Union européenne comptent sur la Turquie, qui est le lieu principal d'origine des flux et un partenaire de long terme. Les côtes turques semblaient mal surveillées. Les autorités dépassées ont exigé fin 2015 une compensation financière en échange de tout effort de contrôle.

La Commission européenne leur a proposé un plan d'action dès le mois d'octobre, qui prévoit une aide aux ONG d'accueil et une amélioration de la situation légale et matérielle des réfugiés en Turquie. Un accord définitif a été trouvé en mars 2016, consacrant le principe du « un pour un » : tous les migrants en situation irrégulière qui gagnent les îles grecques seront renvoyés en Turquie et, pour chaque Syrien renvoyé, un autre sera réinstallé dans l'Union européenne. Une aide de 6 milliards d'euros est prévue pour la Turquie, ainsi que la levée des visas de court séjour pour les citoyens turcs désirant se rendre dans l'Union européenne, en échange du respect d'une série de conditions, dont la modification de la loi antiterroriste.

La mise en œuvre de l'accord entraîne rapidement le quasi-tarissement des départs depuis la Turquie, imputable au renforcement des contrôles ainsi qu'au puissant effet de dissuasion de l'accord lui-même. Cependant, ce fragile équilibre est remis en cause dès l'été 2016 à la suite de la tentative de coup d'État manqué en Turquie. Les relations avec l'Union européenne se dégradent ; Tayyip Erdoğan réclame la libéralisation immédiate des visas et menace de laisser repartir les Syriens vers l'Union européenne. Les Européens retiennent leur souffle car la bonne volonté turque est indispensable pour gérer le dossier ; le sort des réfugiés est devenu une bombe dans la main du président turc.

100

Comment l'Union européenne est-elle traitée dans le débat public turc ?

L'ouverture des négociations d'adhésion à l'Union européenne en 2005 était un succès pour l'AKP. Tayyip Erdoğan, pourtant soupçonné d'hostilité à l'égard d'une Europe productrice de fortes contraintes légales et vue comme un « club chrétien », avait d'emblée saisi l'importance stratégique du débat.

Un « objectif stratégique » : c'est bien ainsi qu'Ahmet Davutoğlu a désigné l'Union européenne pendant dix ans. L'ancrage européen offre pour la Turquie plusieurs avantages : il donne une direction aux indispensables réformes de modernisation ; il rassure les investisseurs étrangers dont le pays a tant besoin pour développer l'économie ; il satisfait pleinement Washington, principal allié, et le seul qui compte politiquement pour le gouvernement turc.

Le climat turco-européen s'est pourtant gâté très vite et la fin de la lune de miel a laissé place dès 2006 à une relation fondée sur des marchandages politiques et minée par l'exercice des rapports de forces. Le gouvernement turc accuse systématiquement les Européens de duplicité et pense qu'on lui demande des efforts plus importants qu'aux autres candidats. L'opinion turque se sent rejetée sur des critères géographiques et culturels – l'islam en ligne de mire. Il en faut peu pour réveiller un sentiment d'exclusion quasi paranoïaque dans un pays sensible aux théories du complot, et héritier d'un empire méthodiquement démantelé il y a moins de cent ans par les puissances européennes. L'ambiguïté des élites kémalistes est à cet égard beaucoup plus préoccupante que les discours radicaux de l'AKP, qui met en scène son identité orientale : pour la « Turquie blanche », le statut de l'Europe balance toujours entre celui de partenaire naturel et d'ennemi atavique.

Remarquablement absente des programmes des partis lors des consultations électorales, l'Europe sert en revanche pour le gouvernement de faire-valoir dans les affaires courantes. Crise économique, paralysie politique, impuissance diplomatique : le triste bilan européen permet par contraste d'exalter les performances turques. L'Union européenne sert donc désormais de repoussoir presque quotidien à Tayyip Erdoğan dans des discours à visée populiste. La difficile négociation sur les réfugiés syriens a encore permis au président de pointer l'incurie européenne et d'engranger des victoires politiques aux yeux de son électorat. L'opposition libérale se désole quant à elle que l'Europe ferme les yeux sur le climat liberticide qui règne désormais en Turquie.

Bibliographie

Essais

BAZIN Marcel, TAPIA Stéphane de, *La Turquie. Géographie d'une puissance émergente*, Paris, Armand Colin, coll. « U », 2012.

BOZARSLAN Hamit, *Histoire de la Turquie. De l'Empire ottoman à nos jours*, Paris, Tallandier, 2013 ; « Texto », 2015.

CAUTRÈS Bruno, MONCEAU Nicolas, *La Turquie en Europe. L'opinion des Européens et des Turcs*, Paris, Presses de Sciences Po, 2011.

CEMAL Hasan, *1915. Le génocide arménien*, Paris, Les Prairies ordinaires, 2015.

CHEVIRON Nicolas, PÉROUSE Jean-François, *Erdoğan. Nouveau père de la Turquie ?*, Paris, François Bourin, 2016.

DUMONT Paul, *Mustafa Kemal invente la Turquie moderne*, Bruxelles, Complexe, 1997.

GEORGEON François, VATIN Nicolas, VEINSTEIN Gilles, *Dictionnaire de l'Empire ottoman*, Paris, Fayard, 2015.

GÖÇEK Fatma Müge, *The Transformation of Turkey. Redefining State and Society from the Ottoman Empire to the Modern Era*, Londres/New York, Tauris, 2011.

GOURISSE Benjamin, *La Violence politique en Turquie. L'État en jeu (1975-1980)*, Paris, Karthala, 2014.

GÜRSEL Kadri, *Turquie. Année zéro*, Paris, Cerf, 2016.

INSEL Ahmet, *La Nouvelle Turquie d'Erdoğan. Du rêve démocratique à la dérive autoritaire*, Paris, La Découverte, 2015.

KAZANCIGIL Ali, BILICI Faruk, AKAGÜL Deniz, *La Turquie. D'une révolution à l'autre*, Paris, Fayard/Presses de Sciences Po/CERI, 2013.

KAZANCIGIL Ali, *La Turquie*, Paris, Le Cavalier bleu, coll. « Idées reçues », 2008.

MANTRAN Robert, *Histoire de l'Empire ottoman*, Paris, Fayard, 2003.

MARCHAND Laure, PERRIER Guillaume, *La Turquie et le fantôme arménien. Sur les traces du génocide*, Paris, Actes Sud, 2013.

MONCEAU Nicolas, *Istanbul. Histoire, promenades, anthologie et dictionnaire*, Paris, Robert Laffont, coll. « Bouquins », 2010.

MONNIER Fabrice, *Atatürk. Naissance de la Turquie moderne*, Paris, CNRS Éditions, 2015.

OCDE, « Étude économique de la Turquie », 2016.

ROUX Jean-Paul, *Histoire des Turcs. Deux mille ans du Pacifique à la Méditerranée*, Paris, Fayard, 2000.

SELEK Pınar, *Service militaire en Turquie et construction de la classe de sexe dominante. Devenir homme en rampant*, Paris, L'Harmattan, 2014.

SOLNON Jean-François, *Le Turban et la Stambouline. L'Empire ottoman et l'Europe (XIVe-XXe siècle). Affrontement et fascination réciproques*, Paris, Perrin, 2009.

TEJEL GORGAS Jordi, *La Question kurde. Passé et présent*, Paris, L'Harmattan, 2014.

ZARCONE Thierry, *La Turquie moderne et l'islam*, Paris, Flammarion, 2004.

Romans

ERDOĞAN Aslı, *Le Bâtiment de pierre*, Paris, Actes Sud, 2013.

PAMUK Orhan, *Neige*, Paris, Gallimard, 2005.

Shafak Elif, *La Bâtarde d'Istanbul*, Paris, Phébus, 2007.

Blogs

Le blog d'Étienne Copeaux : SUSAM-SOKAK, *Turquie. Les racines du présent*, www.susam-sokak.fr.

Le blog de l'Observatoire de la vie politique turque (OVIPOT), hébergé par l'Institut français d'études anatoliennes (IFEA), http://ovipot.hypotheses.org.

Table

GÉOPOLITIQUE

FRANCE ET UNION EUROPÉENNE

Dans la même collection

Guidère Mathieu, *L'État islamique en 100 questions*, 2016.

Djalili Mohammad-Reza et Kellner Thierry, *L'Iran en 100 questions*, 2016.

Chast François, *Les Médicaments en 100 questions*, 2016.

Grenard Fabrice, avec Azéma Jean-Pierre, *Les Français sous l'Occupation en 100 questions*, 2016.

Morillot Juliette et Malovic Dorian, *La Corée du Nord en 100 questions*, 2016.

Dazi-Héni Fatiha, *L'Arabie Saoudite en 100 questions*, 2017.

Réalisation : Nord Compo à Villeneuve-d'Ascq
Dépôt légal : février 2017
ISBN : 979-10-210-2004-7
N° d'édition : 3965
Impression en Italie